구름에 인생을 그려 본다

현 대 수 필 가 1 0 0 인 선 Ⅱ · 41

구름에 인생을 그려 본다

이유식 수필선

수필과비평사 · 좋은수필사

■ 책머리에

수필은 누구나 부담 없이 읽고, 마음만 먹으면 직접 쓸 수도 있는 가장 친근한 문학이다. 다른 영역의 문학이 영상매체에 밀려 신음하고 있는 중에도 수필 인구만은 날로 증가하여 바야흐로 수필 전성시대를 구가하고 있는 이유도 거기에 있을 것이다.

시대적 추세에 힘입어 수많은 수필전문지, 수필동인지가 창간되고, 이에 비례하여 신진 수필가도 날로 늘어나다 보니 이제는 그 많은 작가, 그 많은 작품 중에서 문학성 높은 작품을 가려 읽는 일이 쉽지 않게 되었다. 이런 현상은 작가에게나 독자에게나 결코 바람직한 일이 아니다. 더 나아가서는 수필을 연구하는 후세들에게도 큰 부담이 될 것이다.

이런 문제를 해결하는 데는 출판인도 마땅히 한몫을 감당해야 한다는 평소의 소신에 따라, 본사가 기꺼이 그 역할을 맡기로 했다. 그 첫 번째 사업으로 시대를 대표할 만한 수필가 100인을 선정하고, 작가가 자선한 40편 내외의 작품을 수록한 문고본을 발간하여 이를 널리 보급함으로써 그 소임을 다하고자 한다.

본사는 사명감을 가지고 이 사업을 추진해 나가기로 했다. 작가 선정을 전담할 편집위원회를 구성하고 전권을 위임하여 일체의 사적인 정실이나 청탁을 배제함으로써 전문성과 공정성을 확보해 나갈 것이다.

따라서 이 기획물 속에는 작가의 문학정신뿐만 아니라, 본사의 문학사적 기여 의지와 편집위원 제위의 수필문학에 대한 애정과 문인으로서의 양심이 함께 담겨 있음을 자부한다. 다만, 작가를 선정하는 기준에는 많은 견해의 차이가 있을 수 있고, 선정 과정에서도 미처 챙기지 못한 부분이 있을 것이라는 사실만은 인정하지 않을 수 없다. 이 점에 대해서는 관계자 여러분의 양해 있으시기 바란다.

이 시리즈의 발간 순서는 작가, 또는 본사의 사정에 의한 것일 뿐 그밖의 어떤 기준도 적용하지 않았음을 밝힌다.

본 기획물이 시대를 초월한 많은 수필 애호가들의 관심과 애정 속에 우리나라 수필문학 발전에 한 이정표가 되기를 바랄 뿐이다.

본사에서는 이상과 같은 취지로 ≪현대수필가 100인선≫ 전 100권을 완간하여 큰 반향을 불러일으킨 바 있다.

그러나 우리 수필문단의 규모나 수필문학의 수준에 비추어 선정 작가를 100인으로 한정하는 것은 형평성이나 효율성 면에서 크게 부족하다는 의견이 많았고, 본사 또한 이를 통감하던 터라 기꺼이 ≪현대수필가 100인선 Ⅱ≫를 발간하기로 했다.

본사의 충정에 찬동하여 출판에 응해주신 저자 여러분께 진심으로 감사한다.

2014년　9월

수필과비평 · 좋은수필 발행인　서정환
현대수필가 100인선 간행 편집위원 박재식　최병호
정진권　강호형
오세윤

1_부 내 청춘의 한 슬픈 소녀

2_부 구름에 인생을 그려 본다

3_부 일화逸話로 엮어본 선대조들 이야기

4_부 와이키키 해변의 어느 오후

내 청춘의 한 슬픈 소녀

나의 출생 비밀

이노우에상의 해방

연애편지 소동

수틀 위의 머나먼 나라들

반딧불이의 추억

6·25 전야의 기막힌 풍경들

나는야 씨름판의 총아

음치의 고백

200홀의 나의 골프장

내 청춘의 한 슬픈 소녀

가을꽃은 코스모스이다. 가느다란 목줄기에 힘겹게 꽃을 겨우 매달고 가을바람에 한들한들 흔들거리는 코스모스를 무심히 바라보노라면 문득 애상적이라는 생각이 든다. 1년생 꽃이라 곧 겨울이 오면 단명의 운명을 감수해야 하는 그 숙명에서 나는 세월의 덧없음 그리고 청춘의 애상을 읽고 있다. 계절의 쓸쓸함 때문만은 아니다. 먼 내 기억의 회랑에 보일 듯 말 듯 자리하고 있는 어느 소녀와의 추억이 오늘따라 수채화처럼 떠오르기 때문이다.

내 사춘기 시절이었다. 그 소녀와 나는 일요일이면 자주 코스모스 피어있는 길을 걸으며 문학을, 인생을, 청춘의 꿈을 그리고 불안한 우리의 미래를 이야기하곤 했다. 나는 고3이었고 그 소녀는 고2년이었다. 어언 50년이란 세월이 훌쩍 지난 슬프고도 애달픈 옛 시절의 이야기다.

그 이름 순희! 어느 결에 귀밑에 흰 서리가 많이도 내려앉은 이 나이에 먼 함성처럼 목놓아 다시 불러보는 그녀의 이름은 어쩌면 내 청춘의 아픔이고, 실의며, 상흔이다. 감색 제복의 흰 칼라 위에 막 피어나는 백합 같은 얼굴의 그녀. 가냘픈 듯한 몸매는 가을바람에 하염없이 흔들리는 코스모스요, 그런 섬약한 듯한 체질에다 뽀얀 우유 빛 피부와 홍조 번지는 듯한 두 볼 그리고 우수 어린 눈매는 속절없는 코스모스꽃이었다. 애조 띤 청순미에는 마성魔性 같은 신비한 그 무엇이 숨어 있는 듯 했다.

그것이 바로 불운처럼 그녀의 가녀린 폐를 갉아먹고 있는 결핵의 증후였다는 것을 안 것은 한참 뒤의 일이었다. 덧없는 젊음 그리고 연소하고 있는 생명의 불꽃을 보며 한편으로는 그 얼마나 가슴이 아팠는지 모른다. 우리의 사랑이 결국 애타게도 비극으로 끝나고 마는구나, 생각하면 문득문득 청년 아르망의 애인으로 끝내 폐병으로 죽어간 소설 ≪춘희≫ 속 말그리트의 모습이 떠올랐고, 푸치니의 오페라 '라 보엠' 속의 폐병 환자 '미미'가 떠오르곤 했다. 그들의 슬픈 사랑을 동병상련의 찬란한 위안으로 삼기도 했지만 결국 그녀는 미인박명이라 듯 얼마 있지 않아 저 세상으로 갔다.

그녀는 아마도 지금쯤 이승에서 가장 좋아했던 천상의 코스모스 들판에 누워 있을 듯싶다. 오늘 나는 그녀가 그 옛날 나의 책갈피에 끼워 넣어 주었던 이 지상의 코스모스 꽃잎을 찾아내 당시 내 청춘의 열정을 다시 담아 이 가을바람에 실어 보내 보련다.

(2008)

나의 출생 비밀

'출생의 비밀'을 말해 보라면 나에겐 소설의 화소라도 될 만한 무슨 거창한 비밀이 있는 것은 아니다. 가령 큰 벼락이 우르르 쾅하고 치는 순간에 태어났다든지 또는 가족 중 연세 많은 한 분이 임종하는 순간 운명적으로 동시에 태어났다는 등속의 이야기와는 아예 거리가 멀다. 다만 '비밀'이란 말을 좁은 의미로 보아 '지금껏 알려지지 않고 있는 감추어진 이야기'쯤으로 보면, 적어도 두 가지는 있다. 하나가 탯줄과 관련된 것이라면, 다른 하나는 태몽이다.

먼저 탯줄과 관련된 이야기를 풀어본다. 나는 태어날 때 목에 탯줄을 감고 나왔다는데, 감긴 횟수가 한 번인지 두 번인지는 잘 모르겠다. 초산이다 보니 분명 순산은 아니었으리라 본다. 지금 그때를 다시금 상상해 보면 아찔한 생각도 든다. 요즘에 비하면 가히 원시적이랄 수 있는 시골의 전통방식에만 의존하여 출산했으니, 자칫 질식으로 뇌손상을 입을 수 있었을 것이고 아니면 극단적으로 말해 질식사할 수도 있지 않았겠는가. 그나마 조상님들의 음덕으로라도 무사히 태어났으니 그저 감사한 마음이다.

그런데 문제는 그 다음부터였다. 자라는 과정에서 늘 할머니가 하시던 말씀이다. 개고기를 절대 먹지 말라는 신신당부였다. 지난 시절, 시골에서는 불교나 무속신앙 차원에서 탯줄을 목에 감고 나왔다면, 그 아이는 부처님이나 칠성님의 공덕으로 태어났다는 믿음이 뿌리 깊이 박혀 있었다. 한술 더 떠서는 부처님이나 칠성님의 자식이란 믿음도 있었다. 목에 감은 탯줄이 바로 스님의 목에 걸려 있는 염주와 비슷하기에 나온 유사발상이나 해석에서 기인한 것이라 보는데 그래서 할머니도 개고기 금기를 그렇게 당부하신 것이다. 세뇌를 당했다고나 할까.

그래서 청장년 시기까지는 아예 입에 대지도 않았다. 더욱이 삼십대 초에 혼이 난 일이 있고서부터는 더욱 그랬다. 한번은 부득이 개고기를 피할 수 없는 자리였는데, 그날 나는 날벼락을 만난 듯 생고생을 했다. 설사를 만나 변소 문턱이 닳도록 들락거렸다. 기진하여 드러누워서는 역시 할머니 말씀이 맞구나도 싶었고, 부처님이나 칠성님이 노하여 벌을 내렸구나도 싶었다. 그후 개고기라면 더욱 조심, 조심할 수밖에 없었다.

그러다가 오십대에 와서는 변화가 왔다. 금기에서 기호다. 어느 날 문우들과의 모임에서 배짱을 갖고 다시 한번 먹어 보았는데 아무런 탈이 없었다. 그 뒤 한두 번 더 먹어 보았는데도 역시 무탈이었다. 고정관념이나 습관이란 게 참 무섭구나 싶었고, 삼십대 초의 그 해프닝도 결국은 일시적인 배탈일 뿐 공연히 지레짐작으로 벌을 내린 징험의 배탈로만 생각했구나 싶었다. 그 후로는 지금껏 잘도 먹고 있다. 특히 삼복의 여름철이 오면 꼭 보양이나 보신을 하고 있다. 또 원기가 좀 부족하다 싶으면 일부러 모란시장에 가서 개소주도 주문해서 먹어도 본다.

사실 일부의 사람들은 내국인이건 외국인이건 개고기를 혐오식품이라 하여 말이 많다. 호불호를 너무 따질 것은 없다고 본다. 민족마다, 종교마다 식습관이 다르고 또 개인마다 식성이 다른 만큼 식품문화의 상대주의도 인정해 줄 것은 인정해 주어야만 공평하다. 쇠고기를 먹지 않는 힌두교인이나 돼지고기를 먹지 않는 유대인과 이슬람의 중동인들을 두고 정색을 하고 왈가왈부할 것도 없다. 또 북구사람들이 문어와 낙지를 먹지 않는다고 혀를 끌끌 찰 필요도 없다. 아니 또 있다. 북아메리카의 아파치족이나 나바호족 그리고 호피족과 또 아프리카의 마사이족이 물고기 생선을 잘 먹지 않는다고 대뜸 야만인이라고 할 것도 없다. 반대로 서양인들은 왜 칠면조 고기를 잘 먹는지 되묻고도 싶다. 이왕 말이 나온 김에 한마디 더해 두자. 경직된 도그마에 빠져 있는 일부의 기독교 신자들에겐 포도주는 되고 막걸리는 안 된다는 생각을 갖고 있는 분들이 있는데 포도주나 막걸리는 다 같은 와인이 아닌가. 포도문화의 포도주냐, 쌀 문화의 막걸리냐라는 차이일 뿐이지 않은가. 만약 이스라엘 민족이 쌀 문화권에 속했다면 성경엔 포도주 대신 막걸리가 그만큼 언급되었으리란 사실을 생각해 볼 필요가 있다. 아무튼 그것이 식품문화가 되었건 주류문화가 되었건 문화의 상대주의는 존중되어야 한다는 논리다.

그래서 나는 설사 누가 기피하거나 혐오하더라도 개인적으로라도 개고기를 즐겨 단백질 공급원으로서 먹고 있는데 맛도 좋아 끝까지 먹어볼 참이다. 앞으로 저세상에 가서 할머니를 만나면 무슨 말을 들을지가 궁금은 하지만 개고기를 무척 좋아했다는 다산 정약용이나 조선조의 문신 김안로의 식성을 열심히 닮아볼까 하고 있다.

다음은 태몽 이야기다. 들은 바로나 읽었던 바로 위인들의 태몽은 역시 부러울 정도로 찬란하다. 여의주를 물고 승천하는 꿈, 쌍무지개가 서 있는 꿈, 해를 품거나 삼키는 꿈, 별이 품속으로 떨어져 안기는 꿈, 하늘을 나는 천마 꿈, 번쩍번쩍 빛을 발하고 있는 구슬 꿈 등등이다. 언감생심이긴 하지만 만약 나의 태몽이 이런 꿈이었다면 오늘의 나의 모습이 얼마나 달라져 있을까 하고 실없는 상상도 해본다. 그러나 나의 태몽은 가엽게도 그저 그런 꿈이었다. 용꿈은 용꿈이되 흐릿한 물

속에 잠겨 있는 꿈이었다 한다. 지금 다시 한번 생각해 보면 어쩌면 내 인생의 예지몽인 듯도 싶다. 학연도 지연도 없이 생판 타향과 다름없는 이곳 서울에 올라와 독불장군으로 겨우 뿌리를 내린 전후 과정이 흡사 맑은 물이 아니라 흐릿한 물속에 있었다는 그 용꿈과 너무나 닮았다 싶다. 그나마 용꿈은 용꿈이라서 별것은 아니지만 이름 석 자라도 남겨볼까 싶어 교수에다 평론가로서 끝까지 활동해 왔으니 미꾸라지나 붕어 꿈쯤에 비하면 조금은 위안이 된다고나 할까. 용꿈도 용꿈 나름인가 보다. 포은 정몽주나 율곡 이이도 태몽이 용꿈이었던 모양인데 분명 나의 용꿈 태몽과는 격이 달랐지 않았나 싶다. 그러나 어쩌랴. 나의 태몽은 나의 것이고 또 설혹 예지몽으로 그것에 따라 내 인생이 전개되어 왔다 할지라도 내 인생 역시 나의 것이니 그저 자위로 만족할 수밖에 달리 도리가 없지 않은가.

오늘 밤 나는 ≪구운몽≫ 속의 양소유가 꿈에서 '구운몽'을 꾸었듯 꿈에서나마 여의주를 물고 승천하는 용을 타고 내가 하늘로 올라가는 꿈이나 한번 꾸었으면 한다. 아니면 조상님이 나타나 로또 복권이 당첨되도록 지시해 주는 실속 있는 영험의 꿈이라도 꾸었으면 한다.

(2012)

이노우에상의 해방

'井上' 이라는 성을 가진 일본인이 해방 전에 우리 옥종면에 살았다. 본인 앞에서는 '이노우에상'이라 불렀지만 우리끼리는 한자 그대로 '정상'이라 했다. 더 쉽게는 '정생이'라고 부르기도 했는데 그는 일본 고령토계에서는 이름 있는 사람이라 했다.

그는 백토광의 광산주였다. 내 고향 옥종면은 유명한 백토 산지라 이곳저곳 야산에서 백토가 지천으로 나왔다. 고령토를 그 흙 색깔을 따 백토白土라 했는데 사기와 백자의 원료였다. 일제 당시 옥산의 발치인 우리 마을 양구리 뒷산에 백토광이 있었는데 그것이 바로 그의 소유였다.

국민학교 입학 전인 코흘리개 시절, 그곳에 올라가 보면 많은 인부들이 백토를 파내고 있었고, 레일이 깔린 운반로로 철구루마를 이용해 파놓은 백토를 작업장으로 운반하기도 했고,

작업장으로 옮겨진 백토덩이 앞에 여자 인부들이 모여앉아 황토를 골라내기 위해 흙칼질을 하고 있기도 했다.

모두가 날품팔이 일용 인부였다. 이들 인부들이 그날 일을 마치고 나면 표딱지를 받는데 그것을 모아 두었다가 한 달에 두 번씩인가 '간조(계산)'를 쳐 받았다.

그리고 이 광산주의 집은 신작로 부근에 있었는데 우리 집에서 그렇게 멀리 떨어져 있지 않았다. 지금의 옥종중학교 자리였는데 마당 한쪽 귀퉁이에는 제법 넓은 밭을 일구어 놓고, 양딸기나 토마토 그리고 홍당무를 심었다.

난생처음 보는 신기한 것들이라 제철이 되면 철조망 밑으로 몰래 기어들어가 딸기나 토마토를 따먹거나 닌징(홍당무)을 쑥 뽑아 흙을 털고 어석어석 씹어 먹기도 했다. 달짝지근한 산딸기 맛이나 단감 맛에 익숙해 있어서인지 보기보다는 별 맛이 없었다.

그리고 한 번은 그 집으로 놀러간 적도 있었다. 그 집의 집안일을 도맡아 처리해 주던 마름이 있었는데 그 마름의 아들이 바로 나의 동리 친구였다. 그 친구를 따라가서 이른바 일본식 집을 처음으로 구경해 보았다. 다다미방이며 큰 무쇠 목간통이며 집 안에 있는 변소를 둘러보며 우리의 주거 환경 문화와 큰 차이가 있는 것을 비로소 알게 되었다.

이러던 차에 해방의 날은 왔다. 얼마 후 우리 면에 살고 있는 일본인들의 처리 문제를 상의하기 위해 지역의 유지들이 국민학교 교실에 모여 회의를 했다. 그때 한 사람이 나타나 개미 떼처럼 많은 일본 순사들이 총을 메고 이쪽으로 몰려온다고 알려주었다. 모여 있던 사람들은 영문도 모르고 그만 혼비백산하여 뿔뿔이 흩어져 버렸다.

하루가 지나 그것이 거짓말이었음이 금방 탄로가 나 그 발설 장본인이 호출당하여 추달을 받게 되었다. 그가 바로 일본인 광산주의 집을 구경시켜 준 내 친구의 아버지였다.

그 자리에서 그는 자기가 모시고 있던 상전에게 무슨 일이 생길까 봐 지레 겁을 먹고 임시변통인 줄 알면서도 거짓부렁을 했다고 실토했다. 상전을 끝까지 보호하려는 그분의 충성심(?)을 참작하여 그에게 별다른 제재는 가하지 않았다.

다시 모인 자리에서 얻은 일본인 처리 문제의 결론은 탈없이 본국으로 보내 주자는 것이었다. 평상시에 일본인이라고 해서 조선인들을 얕잡아 보거나 학대하지 않았다는 점을 고려한 판정이었다.

그 후 그는 탈 없이 가족들과 함께 일본으로 돌아갔다. 짐을 꾸려 부산으로 떠나던 날, 그의 덕을 보았던 사람들이 모여 짐을 꾸려주기도 했다. 트럭에 짐을 싣고 떠나는 장면을 나는 직접 보지는 못했다. 나보다 두 살 아래로 당시 여섯 살이었던 막내삼촌이 그 장면을 직접 보았는데, 사람들이 작별의 손을 흔들어 주기도 했고 또 키우던 개가 주인을 실은 트럭이 떠나자 꽁무니를 향해 킹킹거리며 한없이 쫓아가는 장면을 보니 눈물이 핑 돌더라는 이야기를 훗날 나에게 해준 적이 있다. 개와 인간 사이의 끈끈한 정을 어린 눈으로나마 확인한 눈물겨운 장면이었지 않나 싶다.

'이노우에상'은 떠나면서 그동안 자기의 충직한 일꾼이었고, 또 자기의 안전을 위해 거짓말까지 한 그 마름의 충성심에 감복하여 상당한 논과 밭을 넘겨주고 갔다. 그 집의 마름이나 집사에 불과했던 친구의 아버지는 하루아침에 부자 소리를 듣게 되었다.

이렇게 떠난 그가 한일국교가 정상화된 이후 우리 면을 다시 방문한 적이 있었다. 그는 일본 모 도기 회사의 간부로 있다고 했다. 자기를 본국으로 안전하게 돌아가게끔 보살펴 준 면민들의 은공을 못 잊어 한국에서 수입된 고령토 중에서 옥종산 고령토라면 무조건 1등급을 매겨 주었다는 이야기도 하더라고 했다. 그리고 자신이 살았던 옛 집터를 둘러보고 그 자리에 중학교가 들어선 것을 보고는 개인 소유가 된 것보다 더 기쁘더라고 했던 말을 전해 듣기도 했다.

이 일본인의 이야기를 통해 느낀 점이 있다. 사람은 어디에 가 있건 남에게 못할 짓을 해서는 안 되며, 선하게 살다 보면 어느 땐가는 반드시 그 대가가 돌아온다는 것이다.

(2008)

연애편지 소동

해방이 되고 조금 지나서 우리 면에도 중학교가 생겼다. 학령기에 맞춰 도시(진주)로 나가 제 나이의 과정을 밟고 있는 학생들과는 달리 개중에는 중학생치고는 겉늙은 나이배기(나이든 학생)들이 있었다. 말하자면 2~3년, 심지어는 4~5년 정도를 거르다가 들어온 학생들인 셈이다.

초등학교 5학년 때의 일이다. 하루는 학교를 마치고 중학교 앞 논두렁을 타고 집으로 가는 길이었다. 저만치 떨어져 있는 논두렁길 밑에서 평소 안면이 있는 나이배기의 중3학년 학생이 친구와 함께 서 있다가 나에게 내려오라고 연신 손짓을 하는 것이다. 손짓하는 그 중학생은 말이 중학생이지 어른과 다름없는 우리 반 친구의 큰형이었다. 내려가니 심부름을 하나 해달라고 했다. 용건은 우리 마을에 사는 어느 처녀에게 연애

편지를 전해 달라면서 곁들여 선물이 든 보자기를 내밀며 그것도 함께 전해 달라면서 심부름의 대가로 약간의 돈을 손에 쥐어 주었다. 막상 이렇게 되고 보니 못하겠다는 소리도 감히 할 수 없는 처지에다 또 한편 용돈도 생기는 재미가 있을 것 같아 그만 "예."하고 대답해 버렸다.

당시 우리 마을에는 암내를 피워 숫총각들의 애간장을 녹일 만한 꽃다운 이팔청춘의 아가씨가 두 명 있었다. 약속한 문제의 그 처녀는 내 바로 아래 학급 학생의 누님이었다. 초등학교만 나오고 집에서 살림을 돌보고 있었는데 나이는 열일곱 살쯤 되었지만 성숙하여 제법 처녀 티가 철철 흐르고 있었으니, 한번 본 총각이라면 침을 꼴깍꼴깍 삼킬 만한 탐스런 산딸기요 앵두였다. 현철의 〈봉선화 연정〉이란 노래에 나오듯이 "손대면 톡하고 터질 것만 같은 그대"였다고나 할까.

집으로 돌아온 나는 몰래 골방에 숨어 호기심에 부풀어 편지도 뜯어보고 선물보자기도 풀어 보았다. 편지지는 두어 장 되었는데 어디서 구했는지 그야말로 분홍빛 러브레터였다. '사랑하는 준자 씨'라고 시작한 그 편지의 내용은 어느 편지 문에서 따왔는지 모르지만 구구절절이 미사여구로 칭찬과 사랑한다는 말로 수놓아져 있었다. 마지막에는 '영원한 나의 줄리엣'이라는 말에다 쌍감탄부호(!!)로 끝나고 있었으며, 맨 밑에는 조그마한 글씨로 어느 날 어느 시각쯤 어느 장소에서 만나자는 일방적인 요구도 적혀 있었다.

그리고 보자기를 풀어 보니 향긋한 향내의 미제 럭스(Lux)비누와 역시 콜 게이트 치약과 미제 칫솔 그리고 얼굴크림이 한 통 들어 있었다. 그 시절로 봐서는 정말 아가씨들의 환심을 충분히 살 만한 선물이었다.

크림은 럭키화학공업사에서 나온 것으로서 상표에는 외국 여자 사진이 붙어 있었다. 나중에 알고 보니 그 사진은 〈백만인의 오케스트라〉라는 영화에서 꼬마 역할을 한 당시 미국의 인기 여배우 다이애너 다빈의 얼굴이었다.

그리고 치약과 칫솔도 6 · 25전이었으니 참으로 귀한 것이었다.

6 · 25동란 전에는 국산이래야 기껏 유한양행에서 만든 대나무 대궁에다 돼지털을 꽂아 만든 칫솔이 고작이었고 또 그것도 치약이 없어 소금으로 칫솔질을 하던 세상이었으니 튜브식 치약에다 플라스틱 대궁에다 보드라운 나일론 털로 만든 미제 칫솔은 누구나 탐을 낼 만한 선물이 아닐 수 없었다.

그러나 막상 전해 주려고 생각하니 선뜻 용기가 나지 않았다. 며칠간만이라도 감추어 두어야겠다는 생각에서 마루 찬장에 깊숙이 넣어 두었다. 그런데 그만 곧 들통이 나고 말았다. 이른바 '연애 편지 소동'이 벌어진 셈이다. 어른들은 이런 심부름을 하면 큰일 난다고 호되게 꾸중을 하면서 빨리 돌려주라는 것이었다. 그러나 돌려줄 형편도 못 되었다. 심부름 값을 거의 다 까먹었으니 이러지도 저러지도 못하고 있다가 묘책을 하나 생각해 냈다. 그 처녀의 동생을 불러내어 과자를 사주면서 심부름을 대신 해달라고 적당히 구슬렀더니 해 주겠다는 것이다. 이튿날 학교에서 돌아오는 길에 찾아가 물어 보니 성공을 했다는 것이었다.

그 뒤 나에게 심부름 부탁을 했던 그 중학생을 만나 내 손으로 직접 전해주었으니 안심하라고 그럴듯한 거짓말을 하고는 그 '연애편지 소동'에서 해방되었다는 통쾌감에 나는 휘파람을 불며 집으로 돌아왔다.

그 후의 사정을 나는 지금도 모른다. 전화도 없었고 또 그 처녀들의 출입이 자유롭지 못했던 시절이었다. 청춘남녀들의 통정通情의 일차적 수단이 편지밖에 다른 도리가 없고 보면 내 나이 또래의 청소년들이 당시엔 부득이 사랑의 우편배달부 노릇을 할 수밖에 없었던 시절이었다.

전화나 미팅을 통해 사랑을 호소하는 산문적인 이 시대에 그래도 연애편지를 통해 사랑을 호소했던 그 시절이 그리워지는 걸 보면 그것을 꼭 회고지향의 감상주의라고 할 수만은 없을 것 같다.

(1990)

수틀 위의 머나먼 나라들

십자수가 다시 유행하고 있다. 이 자수가 크게 유행하기 시작한 것은 6·25 이후의 1950년대 초였다. 근 50여 년 만에 다시 맞는 유행이다.

내가 중학교를 다닐 무렵이었다. 미당 서정주 시인이 어느 시에 "누님의 어깨너머로/ 수틀을 보듯 수틀을 보듯/ 세상을 보자"라는 구절이 나오는데, 이 시인이 누님의 수틀에서 본 세상이 동양자수의 풍물이었다면, 내가 당시 고모의 수틀에서 본 세상은 너무나 다른 먼 나라의 풍물들이었다.

큰고모는 해방을 얼마 앞두고 시집을 갔고, 작은고모는 6·25 후 내가 중학교 다닐 때에 시집을 갔다. 방학이 되어 집에 가서 보면, 짬만 나면 수를 놓고 있었다. 더러는 동리의 또래 처녀들이 고모 방에 모여 희미한 석유 호롱불 밑에서 우스갯소리를 주고받으며 수를 놓고 있는 것도 보았다. 그 수가 바로 그때 유행하던 십자수였다. 수본에 나와 있는 그림을 본떠 하얀 옥양목을 수틀에 끼워 여러 색실로 수를 놓는 것을 어깨 너머로 지켜보곤 했다. 횃대보 · 책상보 · 밥상보 · 방석 · 손수건에다 열심히 수를 놓았다. 십자수란 가로로 한 땀 세로로 한 땀, 말 그대로 십+자 모양이 되도록 놓는 수를 말한다.

요즘은 세상이 달라져 돈만 있으면 신부가 손끝 하나 까딱하지 않고 혼수품을 모두 사서 가져가지만, 그 시절에는 직접 신부 손으로 반드시 준비해 가는 것이 수예품 십자수였다.

이 중에서 수놓는 데 시간이 많이 걸리는 것은 횃대보였다. 권문세가나 부잣집이야 달랐지만 일반 서민들 집에서는 그때 그때 입지 않는 옷은 고리짝이나 장롱에 개어 넣고 그 위에다 이불을 얹어 커다란 보자기를 덮어놓으면 그만이다. 매일 입는 옷은 안방이건 사랑방이건 별도로 옷장이 없다 보니 옷이 접히거나 주름이 잡히지 않도록 횃대나 횃줄에 걸어 놓았다.

횃대란 벽 길이에 맞춰 적당하게 잘라 만든 대나무를 말하는데, 벽 양끝에 줄을 달아 수평으로 매달아 두는 옷걸이다. 횃줄은 대 대신 줄을 이용한다는 뜻이다.

그 다음 크기가 책상보 · 밥상보 · 방석이며, 제일 작은 것은 손수건이다. 횃대보 · 책상보 · 밥상보 · 방석은 주로 그림을 수놓았지만 손수건은 글자 수를 놓았다. 그중에서도 'Home Sweet Home'이란 글씨의 손수건을 많이 보았는데, 이런 손수건은 우인 대표들에게 주는 최상의 신부선물이었고 한편 일반화되지 않았던 손수건 문화 보급에 크게 기여한 계기가 되기도 했다.

그런데 이와는 달리 그림 자수를 놓고 있는 고모의 수틀 위에 보이는 세상은 낯선 나라요, 낯선 나라의 풍물 일색이었다. 인도의 공작새, 아라비아의 사막과 오아시스 그리고 낙타와 캐러밴, 남국의 야자수, 이집트의 피라미드와 스핑크스, 네덜란드의 풍차 그림 등이었다.

고모가 미래의 낭군을 머릿속에 그리며 한 땀 한 땀 수를 놓을 때 〈이상한 나라의 앨리스〉가 아닌 서부 경남의 한 청소년인 나는 그런 이상하고 신기한 나라들을 꿈속처럼 상상해 보곤 했다.

그뿐만 아니라 십자수의 이런 이국 풍물과 거의 때를 같이해 공교롭게도 유행가에서도 이국 풍정을 담은 노래가 나오기 시작했다. 중학교 2학년 때인 1952년도에는 〈인도의 향불〉이란 노래가 나왔고, 고등학교 1학년 때인 1954년도에는 〈페르시아 왕자〉란 노래가 나왔다. 여기에다 일제 강점기인 1929년에 나온 노래이긴 하지만 〈사막의 한〉이란 노래도 한몫하여 호기심 많은 우리 청소년들의 상상력에 이국 정조나 이국 정서를 한껏 심어 주었다.

그 시절 이런 노래들을 목청껏 불렀던 기억이 새로운데, 그 시절로 돌아간 듯 그 노랫말들을 추억처럼 다시 한 번 읊어

볼까 한다.

자고 나도 사막의 길 꿈속에도 사막의 길/ 사막은 영원의 길 고달픈 나그네의 길/ 낙타 등에 꿈을 싣고 사막을 걸어가면 / 황혼의 지평선도 고달픈 나그네의 길

-〈사막의 한〉

공작새 날개를 휘감는 염불 소리/ 간지스 강 푸른 물에 찰랑거린다/ 무릎 꿇고 하늘에다 두 손 비는 인디아 처녀/ 파고다의 사랑이냐 향불의 노래냐/ 아 - 깊어 가는 인도의 밤이여

-〈인도의 향불〉

별을 보고 점을 치는 페르시아 왕자/ 눈 감으면 찾아드는 검은 그림자/ 가슴에다 불을 놓고 재를 뿌리는 아라비아 공주는 꿈속의 공주/ 오늘밤도 외로운 밤 별빛이 흐른다

-〈페르시아 왕자〉

십자수의 유행과 이국 풍물의 등장 그리고 유행가에서도 인도의 공작새가 나오고 페르시아와 아라비아가 나왔으니 이국에 대한 나의 상상은 가히 날개를 달았다고나 할까. 장차 어른이 되어 꼭 그런 나라에 한 번 가보았으면 하는 꿈도 가졌다.

한편 처녀들은 횃대보에다 낙타와 오아시스 그리고 캐러밴의 수를 놓으며 〈페르시아 왕자〉를 마음속으로 흥얼거리며 언

제쯤 자기에게도 페르시아 왕자 같은 낭군이 나타날 것인가를 상상해 보았을 것이고, 또 공작새 수를 놓으면서는 마치 "무릎 꿇고 하늘에다 두 손 비는 인디아 처녀"처럼 멋진 사랑을 꿈꾸었을 것이다.

생각해 보면 어언 50년 가까운 세월이 흘렀다. 그때 처녀들은 이제 나이 70이 다 된 할머니가 되어 있을 것이고, 혼수품으로 가져왔던 십자수들이 손때 묻은 채 아직도 고이 간직되어 있다면 귀한 민예품이 되어 있을 듯하다. 또 혹시 손녀가 십자수를 놓고 있는 것을 보면 불현듯 옛 생각이 나서 다시 꺼내 보며 한없는 감회에 젖을 듯싶기도 하다.

나는 그동안 수틀 위에서 본 야자수의 나라 하와이, 필리핀, 인도네시아도 다녀왔고, 풍차의 나라 네덜란드 그리고 사막과 낙타의 나라 중동도 다녀왔다.

그러나 공작새의 나라 인도, 피라미드의 나라 이집트는 아직 가보지 못했다. 특히 청소년 시절에 그려보던 그 나라들이라 언젠가 한번은 꼭 가보리라 마음먹고 있다.

(2000)

반딧불이의 서정

우리나라 사람들의 똥에 관한 연상력과 상상력은 예민하고 유별나다. 벌레 이름과 새 이름만 보아도 온통 똥을 연상시킨 이름이 많다.

이런 똥의 상상력을 발휘하여 밤하늘의 유성조차 별똥별이라 했으며, 콧방귀를 뀐다고도 했고, 잇똥, 불똥, 귓똥이란 말도 있는 걸 보면 눈꼽똥이나 손톱똥 그리고 발톱똥이라 하지 않았던 것이 오히려 이상스러울 정도다,

여기서 개똥벌레란 이름을 한번 생각해 보자. 물론 일명 반딧불이라고도 불리지만 밤하늘을 호롱불처럼 장식해 주는 이 벌레가 노상 개똥벌레라 불리고, 또 가수 신형원의 노래에서조차 개똥벌레라고 불리고 있으니 좀 억울한 감이 든다.

개똥벌레는 귀뚜라미와 매미가 수컷만 우는 것과는 달리 암

수가 다 발광체를 가지고 있다.

숲에서 숲으로만/ 무엇을 찾아선지/ 파릇한 불을 달고/ 깜박깜박 떠다니는/ 반딧불 외로운 흐름에/ 어릴 적이 되살아!

이태극 님의 시조다. 나도 반딧불을 생각하면 소년시절이 생각난다. 발광기에서 나오는 인광을 반짝거리며 여름밤 물가의 풀밭 위를 이리저리 날아다니는 반딧불이야말로 더없는 여름밤의 서정을 자아내게 하는 밤의 전령들이었다. 우리는 저녁만 먹으면 봇도랑으로 나가 반딧불이 잡기에 여념이 없었다. 풋고추들인 우리들만의 놀이가 심심할 때에는 옆집의 순이도 영이도 불러내 마냥 쏘다니며 병에다 잡아넣고선 반딧불을 꺼내어 순이의 이마에도 영이의 이마에도 붙여 주며 좋아라 웃어댔다. 지그시 눈 감은 두 볼에다 연지를 찍듯 붙여도 주고, 콧등에다 등불을 매달듯 달아 주며 내 색시인 양 바라보던 천진난만한 시절이었다.

그런 어느 날 밤이었다. 우리는 들판의 한복판으로 흐르는 냇물가로 멀리 원정을 나갔다. 그곳은 저녁을 해먹고 난 후 마을의 처녀들이 하루 종일 흘린 땀을 씻으려고 삼삼오오 몰려나와 옷을 훌훌 벗어 던지고 등물을 치거나 멱을 감는 은밀한 즐거움이 있는 곳이기도 했다.

반딧불을 찾아 나선 우리들은 멀리 몇 점의 불들이 깜박이고 있어 그곳을 향해 살금살금 걸어갔다. 냇물 저쪽에서는 깔깔거리는 웃음소리가 나고 텀벙텀벙 물 헤엄치는 소리도 들렸다.

풋고추들이라 해서 호기심의 발동이 없으란 법은 없다. 아랫도리에서 이상한 힘이 뻗칠 나이는 아니지만 야릇한 흥분을 느끼며 그곳으로 가보았다. 처녀들은 까르르 웃어댔다. 아마도 알몸으로 멱을 감는 처녀들이 서로서로 등을 문질러 주다가 어느 민감한 부위에 손이 닿았는지 자지러지듯 웃어댔다. 금단의 지역을 염탐하는 꼬마 기사처럼 더욱 가까이 접근해 가보았다.

그런데 이게 웬일인가. 가까이 가보니 멀리서 깜박이던 불빛이 반딧불이 아니라 담뱃불들이 아닌가. 먼발치에서나마 멱 감는 처녀들의 알몸을 훔쳐보려고 미리부터 은밀히 숨어든 동리의 총각들이 담배를 빼금대고 있었다. 숫내를 피울 만한 총각들이 달아오르는 그 숫기를 못 참아 차마 불한당처럼 달려들지는 못 하고 담배로서 삭임질을 하고 있었다고나 할까.

우리에게 돌아가라는 신호를 재촉하듯 보내왔다. 훔쳐보기가 심히 부끄럽기도 했겠지만, 자기들만의 그 행복한 순간을 더 만끽하고 싶었을 테니까. 우리들은 도둑고양이 앞의 생쥐처럼 슬금슬금 뒤로 피해 가지 않을 수가 없었다.

돌아오는 길에 생각해 보았다. 처녀들의 물기 머금은 허여연 살결이 달빛을 받아 번들거릴 때 그들은 그 얼마나 담배연기를 내뿜으며 한숨을 내쉬었을까 싶었다.

그후 우리들의 풋고추도 차츰 약이 올라갈 때쯤 되자 여름밤이면 그곳을 찾아가 총각들의 그 훔쳐보기 흉내를 내보곤 했다. 짜릿한 충동이었다.

사람들에게는 어른 아이 할 것 없이 훔쳐보기의 본능적 충동이 있나 보다. 김홍도의 풍속화 '빨래터'란 그림을 보면 허벅지를 내놓고 앉아서 빨래하는 여인과 감은 머리를 빗질하고 있는 여인 등 네 명의 여인이 있고 점잖은 양반인 듯한 사람이 부채로 얼굴을 반쯤 가리고는 도둑고양이처럼 그 장면을 엿보고 있다. 그리고 신윤복의 풍속화 〈단오풍정端午風情〉에는 여인들이 젖가슴을 내놓고 머리를 감거나 세수를 하는 장면을 두 소년이 생쥐처럼 엿보고 있다.

그러고 보면 소년 시절의 나도 목욕터의 피핑 탐(Peeping Tom, 훔쳐보는 아이)이었나 보다. 옷을 숨기는 짓궂음은 없었으니 우량급(?)이었다고나 할까. 우리의 설화 〈선녀와 나무꾼〉에 나오는 나무꾼이나 인도의 세계적 그림 〈목욕하는 목녀들의 옷을 훔친 크리슈나〉와 같은 용기(?)도 없이 그저 호기심 많은 '훔쳐보는 아이'였을 뿐이었다.

6 · 25 전야의 기막힌 풍경들

6월 24일 토요일.

운명의 시간은 서서히 다가오고 있었다. 이 운명의 시간을 태평스런 남쪽에서는 그 누구도 감지하지 못했다.

그날 오후, 서부 경남의 한적하고 평화스런 산골 마을의 소년이었던 나는 학교에서 돌아와 소 꼴 먹이러 갔다. 삼베 잠방이를 걸친 또래들과 어울려 골짜기 도랑물에 된장을 풀어 가재 잡기에 여념이 없을 무렵이었다.

그때, 서울에서는 찌푸렸던 하늘에서 비가 내리기 시작했다. 참모총장 채병덕은 일찍 퇴근하여 숙소에서 낮잠을 즐기다가 빗소리에 깨어 전속 부관에게 오늘 저녁에도 비가 계속 내릴 것인지를 관상대에 알아보도록 지시하였다.

그날 저녁에 있을 육군회관 개관 기념 댄스 파티에 지장이 있을까봐 염려가 되어서였다. 육군 본부는 미 고문단의 협조를 얻어 육군참모학교 건물을 대폭 개조하여 댄스 파티도 즐길 수 있는 회관을 마련한 것이다. 말하자면 6·25 전야는 이 역사적(?)인 개관 기념 파티가 있는 밤이었던 셈이다.

북쪽에서는 남침의 작전 계획을 초를 다투며 점검하고 있는데 반하여 남쪽에서는 비 걱정이나 아니면 어떤 미희를 데리고 갈까를 궁리하고 있었으니 그 명암은 희비극을 보는 듯 너무나 대조적이었다.

7시가 가까워지자 한국군 고급 장교와 장성들 그리고 미군 고문단의 위관급 장교까지 빗줄기를 아랑곳하지 않고 자기 부인 아닌 미희들을 동반하여 희희낙락하며 육군회관으로 모여들기 시작했다.

팡파르가 울려퍼지는 저녁 7시 정각. 참모총장 채병덕은 미 고문 단장 로버트 소장과 함께 만면에 웃음을 띠며 의기양양하게 연단에 나타났다. 곧이어 고문단장 소개가 있고 개관기념에 관한 일장의 연설이 시작된다. '싸울 때는 싸우고 놀 때는 노는 것이 자기의 군대철학이니 오늘 밤은 실컷 즐기고 사기를 앙양합시다.'라고 하자 일시에 환호성이 터져 나왔다. 샴페인 병이 터뜨려지면서 채병덕이 술잔을 높이 들고 "세계 최강의 미 육군과 극동 최강의 대한민국 육군을 위하여 브라보!"라고 외치자 일제히 브라보를 외쳤다. 밴드에서는 〈라콤파르시타〉를 우렁차게 연주하기 시작했다. 탱고 멜로디가 회관 내에 울려 퍼지자 일제히 쌍쌍이 되어 곡에 맞추어 탱고를 추기 시작했다.

이 무렵, 나는 산에서 소를 몰고 집을 내려오고 있었다. 집에 돌아온 나는 잡아온 가재를 간장에 졸여 맛있게 저녁식사를 마쳤다. 그때가 아마 8시쯤이었을 것이다. 9시경에는 대청마루에서 삼을 삼는 할머니 곁에 작은삼촌과 같이 누워서 옛이야기를 듣다가 11시경에는 잠에 빠져 꿈속을 헤매기 시작했다. 훗날 나의 손자놈들에게 들려줄 또 다른 옛이야기(6 · 25 전쟁)의 서막이 서서히 오르기 시작했다.

밤 12시가 지나서도 파티는 계속되었다. 6월 25일 새벽 2시가 되어서야 비로소 밴드 소리가 멎었다.

한편, 인민군 주공主攻 부대는 38선 직후방 야산 뒤에 매복하여 일제 공격 개시 시각인 4시를 향해 카운트다운에 들어가고 있었다.

이 엄청난 대병력의 움직임을 전 전선에 걸쳐 단 한 명의 경계병도 발견하지 못하고 있었으니 이것이 바로 극동 최강의 군대라고 허풍만 떨던 당시 한국군의 경계 태세였다.

이윽고 4시 정각. 남침의 포문이 일제히 열렸다. 외출 · 외박 · 농번기 일손돕기 휴가 등으로 각 부대가 텅 비다시피 했고, 또 그 전날(24일) 갑자기 비상이 해제된 직후였으니 전선은 일시에 아비규환의 아수라장으로 바뀌면서 '비상, 비상, 비상!'이란 외침만 드높았을 뿐, 전 전선의 방어는 속수무책이었다.

김일성은 가만히 앉아서 천재일우의 호기를 맞은 셈이었다. 참모총장 채병덕은 파티에서 곤드레가 되어 새벽녘에 집에 돌아와 깊은 잠에 빠져 코를 골고 있었다. 그가 잠을 깬 시각이 대략 6시 10분 전후였다니 4시의 공격 개시에서 무려 두 시간이 지난 뒤였다.

이렇게 38선상에서 포성이 울리고 있을 때, 아침 잠에서 깨어난 나는 소를 몰고 고샅길을 나서고 있었다. 그리고 또 이 일이 아버지를 앗아갈 비운의 그림자였음을 감히 누가 예상했으랴.

생각해 보면 참으로 한심스런 일이 아닐 수 없다. 적전 상황의 정보 입수는 영점이었고 또 평상시의 남침 대비에도 거의 영점이나 다름없었던 것이 아닌가. 인민군 20만 명이 38선을 침공해 왔을 때 우리 국군은 불과 절반인 10만 명에 지나지 않았고, 인민군은 야크형 전투기가 211대였는데 우리에겐 전투엔 쓸 수 없는 연습기만 20여 대 있었을 뿐이었다. 또 탱크 242대가 노도처럼 밀려오는데 반하여 우리에겐 단 한 대조차 없었으니 전쟁 발발 3일 만에 서울을 거저 내주다시피 한 당시의 사정은 뻔한 자업자득의 결과가 아닌가.

말하자면 약체 국방력이었으니 인민군을 안방으로 스스로 불러들인 꼴이다. 김일성의 적화통일의 남침야욕도 단죄를 받아 마땅하겠지만 약체 국방력에 안심하고 있었던 당시의 책임자들도 책임을 물어야 마땅했다. (1990)

나는야 씨름판의 총아

내가 스무 살이었을 때로 기억된다. 추석절을 맞아 우리 면에서 마을 대항 씨름 대회가 있었다. 장터에다 임시 씨름판을 만들어 놓고 각 마을에서 다섯 명씩 선수가 출전하여 단판승으로 승부를 가려, 이긴 마을이 본선에 올라가게 되어 있었다.

나도 선수로 뽑혔다. 던디기라는 마을이 우리 마을의 상대였다. 공교롭게도 나의 상대는 그 마을에서 최고로 씨름을 잘하는 사람이었다. 아니 그 마을이 아니라 우리 면에서도 알아주는 씨름꾼이었다. 양구대라는 사람이었는데 그는 군 단위급 씨름판이 아닌 면 단위급 중씨름판 정도에서는 상으로 걸려 있는 송아지 정도는 이미 두서너 마리쯤 끌어다 먹었던 실력자였다. 키가 크고 신체 조건이 좋아 힘도 셌다. 6 · 25 이후 방위대 시절에 그는 공비들이 출몰하는 날이면 한 손으로 경기관총을 들고 쏘아댔다는 소문이 입에서 입으로 전해지고 있었다.

그와 내가 씨름을 할 차례가 되었다. 본부석으로 나가 나란히 서서 인사를 했다. 서 있는 두 사람의 체격을 비교하면 아예 상대가 되지 않을 정도였다. 과장해서 말한다면 황소 곁에 애송아지가 붙어선 격이었다. 붙자마자 단숨에 위에서 눌러 버리든지 아니면 달랑 들어서 내동댕이치리라 생각할 정도로 결과는 불문가지였다.

나는 상대가 상대이니만큼 꾀로서라도 한번 붙어 보려고 작심했다. 팔재간이나 들재간은 어림없는 수작이라 다리재간이라도 부리기로 했다. 그는 나보다 10여 살 위였고 결혼도 했으니 하체 쪽이 둔하리라 생각하여 일단 찰거머리처럼 아래쪽으로 달라붙어 다리재간을 부려 보기로 했다.

나의 작전은 주효했다. 너무나 의외의 결과가 일어났다. 그가 나를 들어올리려 할 때 나는 재빠르게 양다리 사이로 파고들어 젖먹던 힘까지 다 내어 이 다리 저다리를 감아 대다 보니 그가 쿵 하고 넘어지는 게 아닌가! 그러자 구경꾼들의 함성과 박수가 우레처럼 터져 나왔다. 그 어떤 상대들의 판보다도 극적인 장면이 연출되었으니 졸지에 나는 씨름판의 총아가 되었다. 나중에 안 일이지만 그 순간의 함성과 박수 소리가 얼마나 컸던지 인근 동리에서는 무슨 큰 변이 난 줄만 알았다는 것이다.

구장(이장)이 나와 덩실덩실 춤을 추었고 우리 마을의 선수로 같이 출전했던 큰삼촌은 감격하여 나를 목마까지 태워 씨름판을 한 바퀴 돌기도 했다. 그리고 비록 우리 마을이 본선 진출은 못했지만 1, 2등 한 것 못지않다고 구장은 그날 저녁 술과 밥을 한 턱 내기도 했다. 이 일이 기회가 되어 '양철집 큰손자'인 나는 그만 면 내에서 명성이 자자하게 되었다. 완력이나 덩치로 남을 제압하려던 청년들도 덩치가 작다고 감히 나를 얕잡아 보지 않게 되었다.

가만히 생각해 보면 이 일이 나에게는 전혀 뜻밖의 행운만은 아니었다. 어릴 때부터 나는 씨름에 약간의 소질이 있었다. 국민학교 시절만 해도 마을 씨름 대회의 애기씨름에서 여러 번이나 삶은 고구마를 상으로 타 먹은 적도 있었다.

당시 우리 면에서는 고구마가 귀물이었다. 들녘 지방에서는 고구마나 땅콩을 심었지만 논농사에만 의존하던 것이 고작이라 고구마를 심는 집은 아주 귀했다.

고구마는 영조 39년(1796)에 일본에 통신사로 갔던 조암이 대마도에서 몇 개를 가지고 와서 부산과 제주도에 보내어 재배에 성공을 했다. 대마도에서는 고구마를 '고우꼬우이모(孝行著)'라는데 결국 오늘날 우리가 말하는 고구마라는 말이 여기서 온 말임을 알 수 있다.

이 고구마가 우리 면에서는 6 · 25 이후에야 심는 집들이 많이 생겨 일반화되었으니 국민학교 시절만 해도 귀물 중 귀물이라 이를 따 먹을 욕심으로 애기씨름만 있으면 달려가 한 무더

기씩 상으로 받아왔다.

그리고 진주에서 6년을 공부하는 동안에 여름이면 우리는 남강으로 멱을 감으러 나갔다. 해거름이 되면 당시 내로라하는 유명 씨름꾼들이 후배들을 데리고 나와 연습을 하는 것을 자주 보기도 했다. 씨름이라면 서부 경남이었고 그중에서도 진주의 씨름은 전국적으로 알아주던 실력들이었다.

씨름의 기술이 40~50가지나 된다지만 나는 팔재간, 들재간, 다리재간 중에서 그 기본이 되는 몇 가지씩은 구경을 통해 익혀 두었고 또 친구들과 어울려 곧잘 그런 기술들을 시험해 보기도 했다. 그러니 나에게 있었던 그날의 경사는 백 퍼센트 우연의 행운이라고만은 할 수 없었다.

이런 전력이 있는 나인지라 지금도 간혹 민속 씨름 대회가 텔레비전을 통해 방영되기만 하면 빼 놓지 않고 시청한다. 그럴 때면 그날의 박수와 함성의 여운이 나의 귀에서 되살아나곤 한다.

(1990)

음치의 고백

나는 노래를 꽤 잘 부르는 사람으로 문단에 소문이 나 있다. 1989년도에 ≪스포츠 서울≫에 '유행가에 나타난 세태'란 토요 에세이를 연재하고 나서부터였다. 만나는 사람들로부터 "언제 우리 가요를 그렇게 연구를 했느냐."든지 또는 한술 더 떠 "노래 솜씨도 꽤 있나 보죠."란 황공스런 인사를 많이 받고 있다.

사실 나는 음치다. 귀가 없는 셈이다.

귀가 없다라고 적다 보니 영국의 저 유명한 수필가 찰스 램의 수필 〈귀에 대하여〉가 문득 떠오른다. 이 수필은 사뭇 독자들의 호기심을 도발시켜 보려는 계산에서 그 첫 문장이 "내게는 귀가 없다."란 충격적인 말로 시작된다.

우선 이 문장을 접한 독자들은 귀 없는 작가 램의 꼴사나운 모습을 떠올려 볼 수도 있을 것이다.

그런데 몇 줄을 더 읽어 내려가다 보면 독자의 상상을 우롱이라도 하듯 실망스럽게도 크지는 않지만 오히려 예쁘장한 귀가 건재하고 있음을 은연중 자랑하면서 그가 그런 충격적인 서두로 시작해 본 것은 다름이 아니라 음악을 감상하는 귀가 없다는 점을 밝히고 있다.

그는 감성적으로는 음의 조화를 즐길 수 있다고 생각하지만 타고난 천성이 어떤 곡조를 다룰 능력을 지니고 있지 못하고 있는 모양이라고 자가 진단을 하고 있다.

가령 영국의 국가인 〈신이여 국왕을 살피소서〉란 곡을 연습도 해봤고 또 혼자 있을 때에는 휘파람을 불거나 속으로 흥얼거려도 보았지만 그 곡을 제대로 부르지 못한다고 고백하고 있다. 그는 아마 음치 중에도 상음치가 아니었던가 싶다.

이 글을 읽으면서 나는 나의 자화상을 보는 것 같아 동류의식의 동정심이 발동했던 기억이 생생하다.

나는 국민학교 시절에는 제법 노래를 잘 불렀다. 통신표(성적표)를 받아보면 다른 과목의 점수는 별 볼일 없었지만 음악 점수만은 늘 90점 이상이었다. 통신표를 받아 쥔 아버지께서 이놈은 장차 커서 사당패가 될 거냐며 칭찬보다는 볼멘소리를 하시던 게 아직도 귀에 쟁쟁하다.

그리고 대학 시절에는 제법 문과대생의 멋을 부려 본다고 시내의 음악실 출입도 자주 했다. 토요일 오후나 일요일이면 베토벤의 그 우주적(?) 심각성의 표정을 흉내라도 내듯 침통히 그리고 사색적인 표정과 포즈로 명곡 감상을 즐기기도 했다.

그러나 지금 생각해 보면 나 역시 찰스 램과 같이 감정적으로 음의 조화를 즐길 수는 있어도 어떤 곡을 멋들어지게 불러댈 능력이 없는 사람으로 판명난 지는 이미 오래다.

어떤 자리에서 가수 빰칠 정도의 실력자를 만나면 시샘이 나고 한편 주눅이 들기도 했다. 내 목소리는 그런대로 저음으로서 매력(?)이 있다는 소리를 종종 들어왔는데도 찌된 셈인지 노래만 불렀다 하면 돼지 멱 따는 소리로 둔갑하니 기가 찰 노릇이다.

솔직히 고백해 보면 나는 아직도 악보 용어도 잘 모른다. 대학시절 부산의 '칸타빌레 음악실'을 수없이 드나들면서도 칸타빌레란 뜻조차 몰랐었는데 그 후에 비로소 '노래하듯이'란 뜻임을 알게 되었다.

또 6·25 후 문인과 화가들의 만남의 명소로 왕년에 이름을 드날렸던 명동의 '돌체다방'의 '돌체'란 뜻이 '부드럽게' 또는 '우아하게'란 뜻인 것도 모르고 그냥 그 다방 이름만은 곧잘 들먹이던 때도 있었다.

악보 용어를 모르니 악보 읽는 법은 더욱 캄캄절벽이다. 박자에 대한 감각이 있을 턱이 없다. 박자에 대한 감각이라도 있었다면 노래는 열외로 하더라도 사교춤에 대한 리듬 감각이라도 좀 발달했을 터인데 그것도 아니었다.

한때 30대 초반에 사교춤을 배우러 교습소에 나가 세 번이나 교습비를 고스란히 갖다 바친 적이 있다. 조금 익숙해진다 싶으면 공교롭게도 바쁜 일이 터져 그만두곤 했는데 그것도 큰 이유 중의 하나이지만 사실은 스텝 감각이 엉망이라는 핀잔을 들으니 오기가 발동해 그만 도중하차해버린 것이다.

악보도 모르니 악기 하나 제대로 다루는 게 없다. 집에 있는 피아노는 적어도 나에게만은 무용지물이다. 현대의 멋쟁이라면 피아노 건반을 두들기면서 한 곡조쯤은 멋들어지게 뽑을 줄 알아야 할 텐데 정말 맹물신사가 아닐 수 없다.

이런 나이고 보니 음치로서의 고충이 이만저만이 아니었다. 직장에서 또 '니나노판'의 친구 모임에서 항상 당하는 고통이었다. 특히 신입생 환영회나 졸업생 사은회가 있을 때 또는 학생들과 M.T를 갔을 때면 으레껏 노래 지명이 떨어지게 마련인데 정말 바늘방석이 아닐 수 없다.

십팔번이라도 하나쯤 있으면 그나마 위기를 모면할 수도 있는데 그것마저 없고 보니 가련할 정도로 거창하게 셰익스피어 작사에다 베토벤 작곡 거기다 이유식 노래라는 우스개로 일단 얼버무리면서 겨우 '찌르릉 찌르릉'으로 시작되는 교통부 주제가(?)나 '학교종이 땡땡땡'으로 시작되는 문교부 주제가(?)쯤으로 대신해 버리고 만다.

누구에게나 두세 곡의 레퍼토리는 있고 볼 일이 아닌가. 노래를 잘하건 못하건 그것은 다음 문제다.

고 박정희 대통령의 십팔번은 〈황성옛터〉였고 조병옥 박사의 그것은 〈매기의 추억〉이었으며 왕년의 정객 고흥문 씨는 정몽주의 〈단심가〉란 시조창과 민요 〈양산도 타령〉이었다 하며 역시 왕년의 정객 정해영 씨의 그것은 충무공의 〈한산섬 달 밝은 밤〉이란 시조창이었다고 한다. 문인 정객이었던 한솔 이효상 씨는 〈고향무정〉(오기택노래)과 동요 "푸른 하늘 은하수"로 시작되는 〈반달〉을 즐겨 불렀다 한다.

그리고 문인 중에서 조지훈 선생의 십팔번은 〈기차는 떠난다〉였고 미당 서정주 선생의 그것은 〈쑥대머리〉(김 세레나 노래)였다는 것을 오래전에 어느 지면에서 읽은 적이 있다.

나도 두서너 곡의 십팔번 레퍼토리를 준비해 두어야겠다는 생각에 카세트 테이프를 사다가 제법 열심히 연습을 해둔 적이 있다. 이제 겨우 내 노래로 만든 것이 소월시에 곡을 부친 〈엄마야 누나야〉와 "남쪽 나라 바다 멀리 물새가 날으면"으로 시작되는 〈고향초〉(장세정 노래) 정도이다.

욕심을 내어 1970년대 초에 유행했던 〈그 사람 이름은 잊었지만〉(박건 노래)과 조용필의 〈돌아와요 부산항에〉를 꽤 연습도 해보았지만 노래를 하는 중간쯤에 가다 보면 그만 가사가 생각이 나지 않아 실패한 적이 한두 번이 아니라서 결국은 포기하고 말았다.

이런 음치가 가사에 관한 테마 에세이를 썼으니 정말 아이러니가 아닐 수 없다. 친구들은 농담삼아 문학평론가는 작파하고 가사평론가로 전향하려느냐고 농을 걸어오기도 하는데 어쩌면 노래를 못하는 이 음치의 보상심리가 그런 쪽의 관심으로나마 발전한 것이 아닐까.

(1989)

200홀의 나의 골프장

골프의 기원에 관해서는 정설이 없다. 일설에 의하면 양치는 목동이 한가할 때에, 양을 모는 데 사용하는 굽은 막대기로 나무 조각이나 잔돌을 치며 놀던 데에서 유래되었다고들 한다.

그러나 근대 골프는 14세기 후반에 네덜란드에서 발생하여 그것이 영국으로 건너가 발전하였다는 것이 정설이 되고 있다. 이것이 다시 미국으로 전파되기는 18세기경이며 그후 오늘날에 이르고 있다.

우리나라에 골프가 들어온 것은 3 · 1운동의 해인 1919년이다. 미국인 H.E.덴트가 효창공원에 9홀의 약식 골프장을 시설한 데에서 비롯되었다. 그리고 1970년대에만 해도 골프는 사냥이나 승마와 더불어 고급 놀이로서 특수층의 운동이었다. 그러던 것이 1980년대부터는 골프 인구가 저변 확대되어 이제는 놀랄 만한 수로 불어났다. 불과 7, 8년 사이에 전국에 수십 개의 신규 골프장이 우후죽순처럼 생겨난 것만 보아도 가히 짐작이 갈 법하다.

이런 추세인지라 웬만한 좌석에라도 끼이고 보면 골프 이야기가 거의 화제의 단골 메뉴가 되어 있다. 50대에 접어든 나의 동창들의 모임에 가 보아도 역시 마찬가지다. 안부 이야기, 사업 이야기를 하다 화제가 진하면 골프 이야기로 비약되기 일쑤다. '핸디'가 얼마가 된다느니 또 '홀인원Hole in One'을 한번 쳐 봤으면 죽어도 한이 없겠다는 등의 말을 자주 듣는다.

골프가 보편화되어 있는 이 '보통 사람'들의 시대에 비록 공자 앞에 문자 쓰는 격이긴 하지만, 나처럼 골프와는 거리가 먼 독자들을 위해 들은 풍월이나마 읊조릴까 하니 나의 조그만 친절을 용서해 주길 바란다.

'핸디'는 핸디캡Handicap의 약어인데 바둑으로 보면 급수에 해당된다. 17급의 바둑이 16급에 비해 잘 못 두듯이 핸디 17은 16에 비해 잘 못 치는 사람이다. 바꾸어 말해 아마추어의 세계에서는 핸디가 적으면 적을수록 잘 친다고 보면 된다. '홀인원'은 글 뜻 그대로 공을 한 번 때려 홀에 넣는다는 뜻인데 이것이 가능할 수 있는 홀은 홀과 홀의 거리가 짧은 이른바 숏 홀Short Hole에서만 가능한 일이다. 마치 주택 복권을 사서 일등에 당첨되는 행운을 잡듯이 골퍼들에게는 일생 일대의 행운의 스트로우크Stroke다. 그러니 그 얘기라면 아마추어 골퍼들에게는 입에 침이 마르지 않을 수 없는 미끼다.

그런데 내가 여기서 이 정도의 상식이라도 늘어놓을 수 있는 것은 한때 시내에 있는 인도어Indoor에 가서 연습을 좀 해본 경험과 친구 따라 이른바 그린 코스Green Course에 두어 번 따라가 본 경험이 있기 때문이다. 이런 나이고 보니 친구들이 골프 이야기를 맛있는 특제 안줏감으로 삼을 때 나는 마냥 꿀 먹은 벙어리가 되어 애꿎은 술잔만 괴롭힌다. 그러다가 문득 자기들만이 골프 이야기에 열중했다 싶으면 미안해서 그런지 또 가여워서 그런지 의례적인 선심 질문을 던지기도 한다.

"자네 골프를 치나?

"암 치고 말고. 200홀을 치지."

"200홀이라니 그게 무슨 말인가?"

나의 대답은 배알이 꼴려 그야말로 그들을 좀 골려 주자는 뒤틀린 심보에서 나온 말이다. 그들에게 구태여 기까지 죽을 필요는 없지 않은가. 꿀 먹은 벙어리처럼 앉아 있는 나의 처지를 동정해서 "자넨 골프 안 치는가?"라고 묻지 않은 갸륵한 그 우정을 생각할 때 나의 대답은 적반하장 격이라 미안한 생각이 들지 않는 것은 아니지만, 친구지간이니까 좌중에 농담이라도 던져 나도 그 화제에 끼고 싶은 마음에서였다고나 할까.

'핸디' 이건 '손디'(?) 이건 그 어느 것도 없는 나로서 200홀을 친다고 했으니 친구들은 첫째 200홀이란 말에 당황할 수밖에 없었으리라. 도대체 몇 바퀴를 돈단 말인가. 18홀의 표준 골프 코스로 본다면 무려 11바퀴를 돈다는 말이 아닌가. 그것은 내가 글을 쓴다는 것을 골프에 비유해서 해본 말일 뿐이다. 200자 원고지에 한자 한자 메워 나가는 것이 바로 200홀을 쳐 넣는 정신적 골프 치기가 아니겠느냐고 주석을 달아 주면, 그때야 비로소 고개를 끄덕이며 한바탕 웃음꽃을 피운다. 그리고는 '브라보'다.

솔직히 말해서 나는 골프를 칠 여유와 시간이 없다. 그리고 골프가 운동 겸 고급 사교의 중매장이라고들 하는데 내가 사업이라도 하는 사람이라면 몰라도 가르치고 글쓰는 사람으로서 그것은 너무 사치하다. 어마어마한 입회비에다 그때그때 필요한 비용을 생각하면 좀처럼 엄두를 낼 수 없다.

그러나 더 중요한 것은 농담삼아 한 말이긴 하지만 내 나름의 200홀을 쳐야 하기 때문이다. 행여 잡문이라도 청탁받으면 학교를 왔다 갔다 하면서 구상하느라 일주일이 다 간다. 200홀의 출전 D데이는 역시 토·일요일뿐이다. 그렇다면 스스로 자위할 도리밖에 무슨 별수가 있겠는가.

친구들이 툭 트인 야외의 골프장에서 푸른 하늘, 푸른 잔디밭의 그린 필드Green Field에서 한 홀 한 홀 공을 넣어 간다면, 나는 책상 위의 화이트 필드White Field(원고지)에다 한자 한자 글을 메워 가는 것이 나의 팔자소관이라 할 것이다.

오늘도 200홀의 '홀인원'의 행운이나 꿈꾸면서 원고지에 매달려 본다. 어디서 한 줄기 시원한 바람이 불어온다. 그것은 그린 필드에서 불어오는 바람이 아니라 내 정신의 숲에서 불어오는 솔바람인가 보다.

(1988)

진달래꽃의 사연
초가지붕의 서정
안개의 초상
이슬의 수사학
노을의 의장
구름에 인생을 그려본다
무지개를 예찬하며
다시 써보는 '백설부'
바람, 바람, 바람의 넋
물, 물, 물, 물타령

진달래꽃의 사연

내 고향 하동 옥종의 봄은 먼 논벌에서부터 왔다. 바다에 면한 어촌이 아니라 오로지 농사에만 의존하던 시골이라 산바람과 함께 가난한 마을에도 해마다 봄은 찾아왔다.

논벌에서 고동을 주워먹으려고 끼룩거리며 찾아들던 두루미나 황새 떼들이 어디론가 자취를 감추면 서서히 봄은 찾아오는 것이다.

논두렁에는 쑥이 파랗게 돋아나고 들에는 냉이, 소루쟁이, 씀바귀, 질경이, 달래, 비름이 돋아나면 댕기머리를 한 처녀들은 봄 아지랑이의 유혹에 못 이긴 듯 나물 캐러 간다고 들로 산으로 나가기 시작했다.

내 또래의 어린 조무래기 소년들도 이에 뒤질세라 삼삼오오 떼를 지어 들로 산으로 봄맞이를 나갔다.

어언 참 많은 세월이 흐른 옛 시절의 이야기가 떠오른다. 먹을 것이 귀한 시절이라 우리들은 봄의 미각을 입안에 주워 담거나 봄을 따먹으러 열심히 들로 산으로 헤매어 다녔던 것이다. 일종의 군것질 사냥(?)인 셈이다.

들판에 나가 양지바른 쪽의 흙 속을 파헤치면 국수발같이 생긴 하얀 '메'가 쏟아져 나온다. '메'란 메꽃의 뿌리인데 식용이나 약용으로 쓰인 만큼 우리들에게는 근사한 사냥감이 아닐 수 없었다.

그리고 머슴들이 무논바닥을 쟁기로 갈아 누일 때면 바싹 그 뒤를 따라다니면서 무슨 큰 보물이라도 줍듯 올무를 주워 먹어대곤 했으며 논두렁에 돋아난 삐러기를 뽑아 먹기도 했다. 이런 일에 지치면 뒷동산으로 올라가서는 찔레순을 꺾어 껍질을 벗겨 먹거나 소나무 가지를 꺾어 송기를 해먹기도 했다.

그러나 이런 것보다 더욱 강한 인상으로 나의 뇌리에 남아 있는 추억은 꽃 따먹기의 습속이었다.

바람과 하늘을 보며 자란 천진한 소년들은 봄이면 뒷동산에 올라 울긋불긋 교태를 부리는 진달래꽃을 찾아 꽃 따먹기에 더없는 매력을 느꼈다. 개꽃이다, 참꽃이다 하여 참꽃 찾기에 여념이 없었고 해거름이 되어서야 비로소 소년들은 진달래꽃(참꽃)의 시큼한 미각을 한입 가득히 느끼며 흙투성이가 되어 집으로 돌아오곤 했다. 그리고는 왜 사람들이 같은 진달래과에 속하는데도 참꽃보다 더 아름다운 철쭉꽃을 '개꽃'이라 이름하는가에 의문을 품은 채 그대로 잠들기도 했다.

꽃을 먹는 소년. 이제서야 나는 그 추억의 비밀을 알 수 있을 것 같다. 가난했던 지난 시절, 어른들은 '먹을 수 있는 것'과 '먹을 수 없는 것'을 '참'과 '개'란 접두어로 구별했던 모양이다. 개비름이 그렇고 개고사리, 개머루, 개쑥갓이 모두 그렇지 않은가. 꽃의 아름다움이 판단의 기준이 아니라 먹을 수 있느냐, 없느냐에 따라 진달래과의 꽃도 '참꽃'과 '개꽃'으로 구별된 것이다. 그래서 아름다운 '개꽃'은 일부러 피해가며 열심히 '참꽃'을 찾아 헤맨 것이다.

넉넉한 환경 속의 외국 아이들이 초콜릿과 케이크로 위를 즐겁게 해주고 있을 때, 그리고 형편이 좋은 도시의 아이들이 비가와 구슬사탕으로 입안의 침샘을 자극시켜 주고 있을 때, 보릿고개의 한숨소리를 들어온 시골의 가난한 아이들은 꽃을 따먹으면서 허기진 위의 무게를 가늠하려 했던 게 아닐까.

그렇다. 꽃이나 풀을 보면 항상 먹는 것을 연상했던 가난한 할아버지와 아버지가 아니었던가. '개구리밥' '꿩의 밥' '떡버들' '떡쑥' '떡진달래' '며느리밥풀꽃' '바위떡풀' '국수버섯' '국수나무' 란 이름에는 서러운 훈장처럼 떡, 국수, 밥 등이 자주 등장하지 않았던가.

이런 서글픈 환경 속에서 자라난 시골의 아이들도 언제부터인지는 모르지만 봄이면 꽃을 꽃으로서가 아니라 먹을 것으로 생각하여 꽃 따먹기의 그 슬픈 습속을 배워 온 게 아닐까. 초근

목피의 역사에 비하면 꽃 따먹기의 습속은 그래도 낭만(?)이라도 있다고 말하면 지나친 감상일까.

이제 세상은 너무도 많이 변했다. 부모들의 영양과다 보호로 아이들이 뒤룩뒤룩 살이 쪄가고 집집마다 냉장고에는 먹을 것이 차곡차곡 채워져 비명을 지르고 있는 세상이 아닌가. 어디 그뿐이랴. 어른들 사회에서는 과소비가 문제라고 연일 신문에 대서특필되는 세상이다.

이런 세상에서 잠시 떠올려본 나의 꽃 따먹기 추억은 어쩌면 먼 옛날의 전설 같기만 하다.

내 고향 뒷동산에서는 아직도 철없는 아이들이 봄이면 꽃 따먹기의 놀이를 하고 있을까? 봄이 오면 봄바람에 그 소식부터 물어 보련다.

(1990)

초가지붕의 서정

가을이 왔다.

내 유년시절의 고향 마을 정경이 필름처럼 떠오른다. 살며시 눈을 감아 본다. 옹기종기 모여 앉아 옛 이야기를 나누고 있는 듯한 초가지붕들이 추억처럼 멀리 보인다. 어미소가 하품을 하는 듯 '엄매'하고 우는 게으른 울음소리가 들려오는 듯하고 초가지붕 위로 모락모락 피어오르는 연기에서는 아궁이에 불을 지피느라 타는 솔가지 냄새가 나는 듯하다.

잿빛을 띠고 있는 지붕, 지붕을 침대 삼고 멍석을 요 삼아 가을볕에 온몸을 내맡기고 일광욕을 즐기며 누워있는 빨간 고추, 석양에 원무를 추고 있는 고추잠자리 떼, 박 넝쿨과 박 잎사귀의 녹색은 가히 절묘한 조화를 이루어 한 폭의 그림이 되고 한 편의 서정시가 된다. 고추잠자리의 날개 위에는 동심이 떠다니고 빨갛게 익어 가는 고추와 탐스런 이마를 쑥 내밀고 여물어 가고 있는 박에는 정성들여 가꾼 만큼의 농심이 담겨져 있고, 달밤에 활짝 피어있는 박꽃에는 자연의 미소가 눈짓한다.

이럴 때 어른들이 할 일, 아이들이 할 일은 따로따로 있다. 어른들은 고추잠자리가 나는 것을 보면서 낮게 나느냐 높이 나느냐를 두고 그때그때 일기예보의 날씨점을 치곤 했다. 낮게 날면 비올 징조요, 높이 날면 쾌청이다. 대신 어린 우리는 고추잠자리 잡기에 여념이 없다. 채집용 잠자리채가 없으니 긴 설대 끝에 설대나무 가지로 된 둥근 채를 매어 거미줄을 감아 붙여 만든 잠자리채를 가지고 잠자리 떼를 향해 허공을 가르듯 이리저리 휘젓고 다니기도 했고, 또 암놈을 잡아 실에 매달아 날려보내 수놈이 달라붙기를 기다리며 "헐레 붙어라, 헐레 붙어라."란 말을 주문을 외우듯 외워대곤 했다.

또 지붕 위에 말리려고 널어놓은 고추를 보고 어른들이 살림을 차려 대처로 나간 아들딸들을 생각하며 김장걱정을 할 때 풋고추를 달고 있는 나와 같은 유소년들은 어서 커서 저런 약오른 빨간 어른 고추가 빨리 되었으면 하는 실없는 바람의 상상도 해 보았다.

또 당시 박은 귀중한 생활용구나 기물이 되었다. 집집마다 지붕 위에 두세 포기의 박 덩쿨을 올려 지붕을 치장시켜 주기에 크고 작은 박이 제자리를 차고앉아 무슨 경연대회마냥 모양

새를 뽐내고 있을 양이면 할아버지들은 손자들을 데리고 긴 담뱃대로 사또가 기생 점고하듯 이 박 저 박을 가리키며 그 용도를 미리 점지해 둔다. 제일 크고 단단한 듯한 박이라면 곡식을 될 때 쓰이는 '말박'이요, 그보다 좀 작다면 농사철에 밥을 담아 나르는 '밥바가지'나 곡식을 되는데 사용하는 '됫박'이 된다. 또 어떤 것은 샘물을 길어 올리는 '두레박'이 되고 또 어떤 것은 부엌에서 쓰이는 '물바가지'가 된다. 또 어떤 것은 음식을 담아 먹는 '쪽박'이 되고, 또 어떤 것은 걸인에게 밥을 담아 주던 '빌박'이 된다. 또 못생기고 투박하다 싶으면 똥오줌을 푸는 '똥바가지'나 '오줌바가지'로 낙착된다. 작고 앙증맞게 생긴 놈이라면 선비들 개나리봇짐에 매달려 있을 법한 '표주박'이나 간장 독에 떠 있는 '장쪽드랭이'가 된다.

그런데 이렇게 크기에 따라 다용도로 쓰이던 박 바가지도 6·25 이후부터 별수 없이 차츰 사양길의 운명을 맞이한다. 철모나 철모 속에 끼여 쓰는 하이버가 대용으로 쓰이기 시작하자 또 그 이후 설상가상으로 나이롱 바가지나 PVC바가지가 나오자 완전히 퇴물 신세가 되어, 말 그대로 아주 '쪽박 찬' 꼴이 되고 말았다. 이제는 겨우 박 공예에서 용도의 명맥을 유지하는 신세가 되어 있다.

그러고 보면 가을과 초가지붕 그리고 그 풍경을 한결 인상 깊게 북돋아 주는 빨간 고추와 박이 주렁주렁 달려있는 박 넝쿨과 지붕 위를 맴도는 잠자리 떼의 원무는 정말 잊을 수 없는 가을의 운치요 정치며 서정이다.

그런데 이제는 기차여행을 하면서 눈을 닦고 보아도 지난 시절의 정경들을 거의 볼 수가 없다. 시골 길가의 집이야 말할 것도 없지만 멀리 산자락에 조개껍질마냥 엎디어 있는 집들을 보아도 하나같이 기와와 슬레이트 아니면 양철지붕으로 세대 교체 되어 있다. 내 고향 마을도 사정은 마찬가지다.

농로를 넓히고, 변소를 개량하고, 우물물이나 샘물 대신 상수도를 설치하고, 농지를 바둑판처럼 반듯반듯하게 정리한 것은 이른바 1960년대부터 시작된 새마을 운동의 공로라 하겠으나 지붕개량사업으로 시작된 초가지붕의 퇴출만은 좀 다르다. 해마다 겨울철이면 새 지붕을 잇기 위해 이엉을 엮어야만 하는 번거로운 일손을 던 공로야 있긴 하지만 아무래도 유죄란 측면은 있다.

문명은 산문을 가져다주고 대신 시를 앗아갔다. 이 가을에 나는 내 유년의 가을을 생각하며 초가 지붕의 그 서정을 못내 그리워해 본다.

(2001)

안개의 초상肖像

구름과 안개는 다 같이 물이란 씨앗에서 잉태된 수증기의 쌍생아다. 지표면에 있으면 안개가 되고, 하늘로 올라가면 구름이 된다. 안개가 보병이라면 구름은 하늘을 나는 파일럿이다.

포복하고 다니는 듯하는 이 안개는 그 어디에도 얼굴을 내민다. 땅에 있으면 땅안개가, 산에 있으면 산안개가, 강이나 호수에 있으면 강안개나 호수안개가 되고, 바다에 있으면 해무海霧가 된다. 그러나 진을 치고 있는 그 시간은 한정되어 있다. 새벽이나 이른 아침, 저녁이나 밤이다. 햇빛이란 하늘의 적군이 쳐들어오면 이 지상군은 살짝 꼬리를 감춘다.

안개는 자연이 창조해 내는 마성魔性을 지닌 여인이다. 때나 분위기 그리고 그 정황에 따라 마魔의 여신 같기도 하고, 요정

같기도 하며, 이승에 한을 품고 헤매고 있는 원혼이나 원귀 같기도 하다. 또 이승의 사람으로 보면 청상과부나 가슴을 풀어헤치고 나다니는 실성한 여자와도 같다.

그러기에 걸치고 있는 그 의상의 실루엣도 다양하게 보인다. 여신으로 보이면 흰 나이트 가운이나 속살이 내비치는 듯한 시스루 룩see-through look으로, 요정으로 보이면 어깨에 걸치고 있는 엷은 속옷 슬립이나 슈미즈로, 혹여 말괄량이 요정으로 보이면 역시 엷은 란제리를 연상하리라. 원귀나 미친 여자라면 질질 끌고 있는 흰 치맛자락이, 청상과부라면 얼굴을 반쯤 가리고 있는 흰 너울이 각각 떠오를 것이다.

또 안개가 몰려 들어오거나 물러나며 내는 소리는 참 괴기하고 요상하다. 여신이나 요정의 입김 소리 같기도 하고,청산과부의 한숨 같기도 하고, 원귀나 미친 여자의 흐느낌이나 낼름거리는 혓바닥 소리 같기도 하다.

안개는 늘 매일 아침이나 저녁으로 우리가 볼 수 있었기에, 예로부터 다른 자연현상처럼 우리의 언어생활에서 비유어로 제법 쓰여 왔고 쓰이고 있다. 어떤 사실을 숨기기 위해 교묘한 술책을 부리는 경우라면 '안개 피우지 말라.'이고, 어떤 사실의 그 비밀이 밝혀지지 않고 그저 유야무야 되었을 때라면 '안개 속에 묻히다.'이고, 있는 듯하다 사라지면 '안개처럼 사라지다.'이다. 방향을 잡지 못하고 우왕좌왕하면 '안개 속을 헤매다.'이고 또 속담에 '안개 낀 날 소 찾듯'이란 말도 있다. 심지어 '안개

정국政局'이란 말도 신문을 종종 장식해 왔지 않았던가.

안개는 인간생활에 큰 덕은 주지 못한다. 산천초목에 수분을 제공해주는 덕은 베푸나 오히려 해가 더 많다. 지난날 걷기에만 거의 의존하던 이른바 도보문화 시대에는 산길을 가다 안개를 만나면 자칫 길을 잃을 수 있었고, 현대에는 교통사고의 주범이 되기도 한다. 그야말로 사람들을 황천길로 끌고 가는 저승차사요, 현대판 요괴다.

그러고 보니 물론 먼 지나간 시절 추억의 영화이긴 하지만 원명이 '워털루 브리지Waterloo Bridge'라는 〈애수哀愁〉가 문득 떠오른다. 〈올드 랭 사인〉의 아름다운 선율과 비극적인 라스트 신으로 만인의 가슴을 뭉클하게 했던 영화다. 1차 대전에 휘말린 런던을 무대로 하여 한 청년 장교와 미모의 발레리나와의 너무나도 슬픈 사랑 이야기다. 그들이 운명적으로 처음 만난 곳이 바로 런던역 부근의 워털루 다리였고 또 이룰 수 없는 사랑에 대한 가슴 아픈 회한에 이끌려 여주인공이 다시 찾아온 곳이 바로 추억의 그 다리였다. 그러나 요괴 같은 짙은 안개가 낀 그 다리 위를 실성한 여인처럼 걷다가 밀려오는 자동차에 치여 목숨을 잃고 만 그 이야기, 그 비극적인 라스트 신은 아직도 내 기억 속에 생생히 살아있다.

또 안개는 산업사회의 공장 굴뚝에서 나오는 매연과 찰떡궁합 엿방석이 되어 스모그smog로 변해 그 피해가 이만저만이 아니다. 그리고 스모그는 아닐지라도 도시의 안개는 미세 오염물질과 결합되어 있어 안개가 낀 날 새벽이나 이른 아침에 걷기나 달리기 하는 것은 곧 굴뚝 속을 걷거나 달리는 것이라고 경고도 해주고 있다

지난날의 안개와 오늘의 안개에는 큰 차이가 있다. 그 초상이 많이 변했다. 싱싱한 방년 19세의 젊은 처녀의 모습이 바로 지난날의 초상이었다면, 오늘의 초상은 주름진 노파의 모습이다.

나는 지금 이렇게 안개의 초상을 하나하나 그려 보고 있다. 문득 안개와 관련 있는 과거의 기억이 떠오른다. 1964년도에 발표된 작가 김승옥의 〈무진기행霧津紀行〉을 청춘 특유의 감상적 감수성을 투사시켜 가며 읽었다. 그리고 그 3년 후에 그 작품을 원작으로 한 김수용 감독의 영화 〈안개〉도 보았고 또 이봉조가 작곡하고 정훈희가 불렀던 동명의 주제가 〈안개〉도 부르곤 했던 기억이다.

그때 내 나이 갓 30을 바라보는 나이었으니 그래도 청춘시절이었다. 이 '안개'에 감염되어 명색이 문사라고 더러 또래의 젊은 글쟁이들과 니나노판에 어울리면 비감 어린 음색을 흉내내며 "나 홀로 걸어가는/ 안개만이 자욱한 이 거리/ 생각하면 무엇하나/ 지나간 추억~."으로 시작되는 그 노래 〈안개〉를 부르곤 했던 추억이다. 소설과 그 영화의 주인공들을 떠올리며 뭔지도 모를 막연한 청춘의 애상哀想을, 청춘의 애수哀愁를, 청춘의 애련哀憐을 그 노래에 실어 달래고 풀어내 보기도 했다.

아니 또 있다. 바로 그 다음 해에 나온 배호의 히트곡 "사랑이라면 하지 말 것을/ 처음 그 순간 만나던 날부터/ 괴로운 시련 그칠 줄 몰라 ~"로 시작되는 〈안개 속에 가버린 사랑〉도 내 청춘의 가슴앓이를 쓰다듬어 준 노래였다.

그런데 그 추억, 그 기억들이 이젠 먼 세월 저편의 안개 속에서 가물거리고만 있다.

(2015)

이슬의 수사학

이슬은 자연이 선물해 준 보석이다. 수정이며 진주다. 이 중 풀잎이나 싸리꽃, 연꽃 잎이나 거미줄에 맺혀 아침 햇살을 받고 있는 아침이슬이야말로 수정처럼 영롱하다. 하양, 노랑, 빨강, 자주 등으로 빛을 발하는 그 이슬은 그 얼마나 아름다운가. 자연이 걸어준 이어링이요 목걸이이며 손목걸이요, 물방울의 살아 있는 예술이요 설치 미술이다.

이슬은 이런 아름다움만이 아니다. 유용하고 유익한 점도 있다. 산천초목에 생기를 돌게 하고, 가을 곡식을 영글게도 하고 있다. 또 있다. 시골에서 백로에 콩잎에 내린 이슬은 속병에 좋다고 아침 일찍 밭에 나가 이슬을 받아오는 사람들도 더러 보았다.

지난날 어린 시절, 시골에서 아침 소를 먹이러 다니면서 수 없이 보았던 이 이슬들이 지금 마치 환등이 비추어 주듯 내 눈 앞에서 반짝반짝 빛나고 있다. 이런 경험이 있기에 중고교 시절, 정지용의 시 〈향수〉를 읽으면서 "흙에서 자란 내 마음/ 파아란 하늘 빛이 그립어/ 함부로 쏜 화살을 찾으러/ 풀섶 이슬에 함추름 휘적시든 곳." 쯤에 가서는 이 시의 화자가 바로 내 자신인 양 감회에 젖어 보기도 했다. 이뿐이 아니다. "울려고 내가 왔던가 웃으려고 왔던가/ 비린내 나는 부둣가에 이슬 맺은 백일홍~."으로 시작되는 유행가 〈선창〉을 어른들이 즐겨 부르는 것을 더러 들었기에, 마치 그 흉내라도 내듯 혼자서 공부를 하는 둥 마는 둥 노닥거리며 흥얼거려 볼 때에는 고향집 화단의 백일홍을 연상도 해보았다.

그리고 좀 세월이 지나 1960년대 전후, 학보병으로 군대생활을 할 때, 어느 밤 시간 문득 고향의 할머니나 어머니가 생각나면 "가랑잎이 휘날리는 전선의 달밤/ 소리 없이 내리는 이슬도 차가운데~."로 시작되는 〈전선야곡〉을 혼자서 역시 흥얼거려 보며 울꺽 치솟는 고향 그리움의 심사를 달래도 보았다.

아니 또 있다. 30대의 장년시절에는 1970년 초 양희은이 가수로 데뷔한 노래 〈아침이슬〉도 즐겨 불렀다. "긴 밤 지새우고 풀잎마다 맺힌/ 진주보다 더 고운 아침이슬~."로 시작되는 이 노래가 금지곡이 되기 이전이다. 내가 시골에서 늘 보던 것이라 친근감도 있을 뿐만 아니라 누구나 살다 보면 서러움과 시련이 있기 마련이겠지만 특히 인생 초년생으로 타향인 이곳

외지 서울생활에서 느낀 여러 심회를 실어 내 삶의 결연한 의지를 담아내 볼 수 있는 내용이라 더러 애창도 해보았다고나 할까.

이슬과 나는 이런 인연과 사연이 있기에 이슬을 더욱 좋아하고 사랑했다. 그렇지만 이제는 어느새 나이를 먹다 보니 이슬의 아름다움 쪽보다는 그 인생론을 먼저 생각해 볼 나이가 되었다. 우리의 선인들은 자연 현상이나 자연 사물을 보고 인생을 곧잘 은유적으로 명상해 보지 않았던가. 정처없이 떠가는 구름을 보고 인생의 표랑성이나 잠시성을, 바람에 힘없이 흔들리고 있는 갈대를 보고 인간의 나약성을, 뿌리 없이 떠다니는 부평초를 보고 인생의 근원적인 불안정성을, 떨어지는 낙엽을 보고 인생의 허무성을 각각 생각도 해보거나 시를 읊어보기도 했다. 이에 이슬도 마찬가지다. 해가 나면 곧 없어지는 아침이슬을 보고 덧없고 허망한 인생을 결부시켜 '인생조로人生朝露'니 '초로인생草露人生'이라 하지 않았던가. 이제는 이런 생각을 나도 더욱 절감하고 있다.

여기서 이슬의 이런 숙명성을 생각하다 보니 문득 나팔꽃도 연상된다. 둘은 영어로 보면 숙명이기나 한 듯 비슷한 이름의 쌍생아요, 피 다른 이복형제가 아닌가. 영어로 나팔꽃은 Morning glory이고, 아침이슬은 Morning dew이니 '모닝'을 공유하는 이체동형이다. 나팔꽃이 새벽에 봉오리가 열리고 오전 9시경에 활짝 피었다가 강한 햇살을 받기만 하면 금방 시들어 버리듯,

이슬도 역시 마찬가지다. 그래서 나팔꽃의 꽃말이 '덧없는 사랑'이라면, 이슬의 은유도 인생의 무상이요 덧없음이 아닌가.

이에 대해 나이를 별반 의식하지 않을 젊은이라면 몰라도, 나는 그렇지 않다고 큰소리 칠 자가 과연 얼마나 되겠는가. 어차피 인간의 숙명이요 인간생명의 한계일진대. 인생의 희로애락을 다 경험해 보고 살 만큼 살아본 사람이라면, 당연히 이 불변의 진리 앞에서는 겸손을 배우리라 본다. 노자老子 선생의 흉내를 내보면 누구나 물 흐르는 대로, 세월이 흘러 가는대로 마음을 비우고 천명이나 기다리며 겸허히 살아야 하리라 보며, 이런 생각은 곧 근년부터 내가 가지고 있는 생각이기도 하다. 그러고 보면 이슬은 인생의 말없는 교사도 된다.

그래서 내가 알고 있는 인문학적 교양지식에서 이런 이슬과 관련 있을 수 있는 노래집을 생각하다 보니, 우선 일본 고대의 최고 노래집인 ≪만요수萬葉集≫가 먼저 떠오른다. 약 4, 500여 수 중 이슬의 언급이 나오는 노래가 그마나 108수다. 자연물과 이슬이 행복하게 어울려 있는 미학적 관점에서 언급되고 있는 경우도 있고 또 이슬을 통해 인간의 삶을 비추어 보며 사랑, 눈물, 외로움, 괴로움, 죽음과 덧없음을 노래하고도 있다.

아무튼 이슬이 비록 단명과 덧없음의 대명사가 되어 있다 할지라도 아름답지 않다고 말할 사람은 아무도 없다. 상큼하고 청순해 보인다. 그래서 이 단어가 작명에도 선호되어 여아나 아가씨들의 이름에서도 빛을 내고 있다. 이뿐이 아니다. 전설의 동물 유니콘이 이슬을 먹고 산다는 말이 있듯, 술꾼들을 유혹하기 위해 술 이름에도 참이슬, 아침이슬이 서로 경쟁을 벌이고 있는 세상이다.

오늘 내가 이런 이슬 이야기를 이렇게 늘어놓다 보니, 문득 시골 고향의 옛 시절로 돌아가고픈 생각도 든다. 그러나 마음뿐. 내친김에 서울에 사는 몇 안 되는 손쉬운 고향의 죽마고우들이나 불러 모아 참이슬이건 아침이슬이건 술이나 한잔 들며 회포나 한번 풀어 볼까 한다. 어차피 우리의 인생이 짧은 것이고 그나마 이슬처럼 영롱한 어느 한 순간이라도 있거나 있었다면 그것을 서러운 찬란한 자위로 삼을 도리밖에 없지 않겠는가. 설사 없다 할지라도 어쩔 수도 없는 일이 아니겠는가.

문득 모파상의 장편 ≪여자의 일생≫ 중 끝부분이 생각난다. 주인공 잔느가 온갖 세상 풍파를 다 겪고 어느덧 반백의 할머니가 되어 손녀를 안고 있는 그 앞에서 하녀 로잘리가 "마님, 따지고 보면 사람의 한평생이란 남들이 생각하는 것처럼 즐거운 것도 불행한 것도 아니로군요." 이라고 한 말이 명답일 수도 있다. 또 아니면 "세상살이가 다 그런 것이야."가 바로 명답 중의 명답일 수도 있으리라.

(2014)

노을의 의장意匠

노을은 아름답다. 그 모양, 맵시, 빛깔 등은 자연의 선물이요 그 의장이다. 거기서 느껴지는 느낌이나 정서는 문학비평의 용어를 대입해 보면 객관적 상관물이다.

하늘에 펼쳐진 장관 중에 무지개가 제일이라면, 그 다음이 노을이다. 무지개가 빗방울과 햇빛이 연출해 낸 예술이라면, 노을은 구름과 햇빛이 연출해 낸 예술이다.

뭐니해도 해 질 녘의 노을은 아침노을보다 훨씬 더 아름답다. 그래서 시인 박목월도 그의 시 〈나그네〉에서 그 자연 배경의 하나로 그것을 이끌어 넣었다. "강나루 건너서/ 밀밭 길을// 구름에 달 가듯이/ 가는 나그네// 길은 외줄기/ 남도南道 삼백리// 술 익는 마을마다/ 타는 저녁놀 // 구름에 달 가듯이/ 가는 나그네"라고 노래했다.

이렇듯 노을은 어떻게 보면 황혼, 석양, 일몰, 낙조의 시간대를 더욱 아름답게 장식해 주는 멋진 자연 의상의 액세서리다. 또 아니면 장렬히 숨을 거두고 있는 해를 위해서라면 꽃상여 같기도 하고, 만장輓章 같기도 하다. 또 아니면 해가 밤의 여신인 달을 만나러 가는 꽃길의 카펫 같기도 하다.

노을은 하늘 관상대의 일기예보 예보판 역할도 한다. 저녁노을이 보이면 다음 날 날씨가 맑고, 아침노을이 보이면 오후에 날씨가 흐려진다는 예표요, 날씨 점을 쳐보는 산대가 된다. 특히 지난날 농경문화 시대에서는 사람들의 마음을 쥐락펴락했다. 어떤 일을 바로 내일 앞두고 저녁노을을 보면 안심을 했고, 아침노을을 보면 오늘 있을 일을 생각해 약간은 탈기도 했다.

이것만이 아니다. 노을을 보면 얼마 있지 않아 곧 어둠이 내리기에 길을 떠난 길손에겐 갈 길을 재촉케 하는 하늘의 신호등이요 꽃시계도 된다.

노을은 이런저런 사정으로 많은 관심의 대상이요, 관심의 표적이 되었는지라, 각 지방마다의 사투리가 생겨나 조히 십여 가지가 넘는다. 우선 내 어릴 때, 놀 또는 북새라고 불렀던 기억이 새삼 떠오른다.

노을은 그 정서적 환기력을 보아 종말을 예비하고 예표도 하기에 좀 쓸쓸하고 처연해 비극미 같은 것도 느껴진다. 공원의 벤치에 혼자 앉아 물끄러미 석양의 노을을 무료히 바라보고 있는 주름진 얼굴의 실버세대들을 한번 상상해 보라. 아직은 건강하지만 인생을 살 만큼 살았기에 문득 석양의 노을에서 이제 앞으로 살아갈 여명의 나이를 점쳐보며 나의 죽음도 저 지는 해처럼 찬란한 죽음을 맞이했으면 그 얼마나 좋을까 하고 한숨 어린 상상도 해보는 분들도 제법 있으리라. 또 불치의 병에 걸린 환자가 석양의 병원 뜰에 나와 앉아 한가닥 삶의 기라도 받아보려는듯 노을을 무심히 바라보며 해바라기하는 모습도 상상해 보라. 이 모두 그 얼마나 쓸쓸하고 처연해 보이는가.

결국 이런 정서적 호응이나 유사 발상에서 얻어진 문화 코드를 한번 찾아보자. 우선 소설 제목에서 찾아보면 뭐니해도 작가 김원일의 장편 ≪노을≫을 들 수도 있을 것이다. 또 그림으로 말하면 노르웨이의 표현주의 화가 뭉크의 그 유명한 세계적인 명화 〈절규〉를 들 수도 있으리라.

≪노을≫은 8 · 15해방 이후부터 6 · 25전쟁까지의 이른바 해방공간에서 있었던 좌우 이념적 대립을 다룬 작품이다. 크게 보면 이 제목은 회화적 상상력으로 유추해 본 민족 비극의 상징적 아우라Aura로 인유引喩된 제목이다. 그리고 뭉크의 1893년도 작품인 〈절규〉는 그림 속의 주인공이 다리 난간에 기대어 공포와 불안에 떨고 있는 일그러진 모습으로 나오는데 바로 그 하늘의 배경이 핏빛 저녁노을이다. 표현주의 작가라서 그런지 유난히 그런 채색이 강조된 듯한 그 노을에는 일말

의 인간 실존의 근원적 비극성의 색조色調나 정조情操가 깔려 있다. 이처럼 소설에서도, 그림에서도 이러 할진대 물론 시인들이 쓴 시에서야 말해 무엇하겠는가.

아무튼 저녁노을은 눈을 즐겁게 해주기도 하지만 인생을 명상케 해보도록 하는 소재요 질료며 또 순간의 느낌이나 정서를 이입시켜 볼 수 있는 등가물의 객관적 상관물로서 예나 지금이나 한없는 사랑을 많이 받아 왔고 받고 있다.

노을은 비록 쓸쓸함의 색조나 애잔함의 정조가 깔려 있긴 하지만 역시 아름다운 자연의 선물이다. 그러기에 뭐니해도 젊은 세대라면 나이 많은 실버세대와는 달리 먼 훗날 미래의 아름다운 인생의 피날레라는 자기 암시를 하며, 그 꿈을 이루기 위해 더욱 열심히 노력해야 되리라.

(2014)

구름에 인생을 그려 본다

구름은 국적도 없이 비자도 없이 정처 없이 떠다니는 방랑자요 여행객이며, 자유주의자요, 무정부주의자다. 지상의 삶이 그 무엇에서건 구속당해야만 하는 인간들은 저 구름의 자유를 그 얼마나 부러워했던가.

구름은 변용의 천재요, 조화자며, 물의 딸이요, 비의 어머니다. 영국 시인 셸리가 〈구름〉이라는 시에서 노래했듯 하늘이 길러주는 유아乳兒다.

구름은 신의 예복이요 옷자락이며, 두루마기요 도포며, 허리띠요 모자다. 그런가 하면 무욕주의자로서 떠다니다 자기 몸이 무거워진다 싶으면 금방 비를 뿌린다.

구름은 참으로 변화무쌍하다. 희고 가느다란 줄무늬 모양의 새털구름, 조개 껍질이나 비늘 모양의 조개구름과 비늘구름,

장막처럼 펼쳐져 있는 털층구름, 어지럽게 흩어져 있는 조각구름, 산봉우리에 걸려 있는 삿갓구름 등을 비롯하여 면사포구름, 두루마리구름, 꽃구름, 실구름, 양떼구름, 뭉게구름 등등 참으로 그 종류나 모양새도 많고도 많다.

이런 하늘의 구름에는 인생의 축도가 있다. 그 모습에서 우리는 인생의 은유를 읽고 있다. 살다 보면 운이 좋아 꽃구름도 만나기도 하고 운이 나빠 먹구름이나 비구름도 만나며, 맑은 날의 새털구름이나 뭉게구름도 만난다. 그래서 웃기도 하고 울기도 하며, 안심도 하고 기뻐하기도 한다.

구름은 일기예보의 관상대다. 농부들은 구름 가장자리가 미친 듯 춤을 추면 폭풍이, 또 일몰 후 불꽃 같은 구름이 피어오르면 가뭄이 올까봐 걱정이 태산이었고, 뭉게구름을 보거나 구름이 북쪽으로 날거나, 산에 띠구름이라도 걸리면 맑음의 징조라 하여 안심을 했다. 비를 기다리는 마음에서라면 안달도 났다. 오랜 가뭄 끝에 양떼구름, 털층구름, 조개구름을 보면 비올 전조라 하여 하늘의 선물인 양 고마워했고, 먹구름이나 소나기구름이 몰려오면 깨춤을 추기도 했다.

구름은 예부터 시인 묵객들에게 많은 사랑을 받아 왔다. 물위의 부평초인 양 떠도는 구름을 '부운'浮雲이라 하며 인생이나 세상살이의 덧없음을 명상해 보기도 했다. 서산대사의 〈뜬구름 같은 인생〉이란 한시의 한 구절이 문득 생각난다. 사람이 태어나고 죽는 것은 한 조각의 뜬구름이 나타났다가 없어지는 것 같다고 읊지 않았던가. 아니 또 김만중의 〈구운몽〉도 생각난다. 뜬구름 같은 남가일몽이 또 인생이 아니던가.

늦은 석양의 오후다. 열린 창문으로 서쪽하늘을 바라본다. 구름이 무심히 흘러간다. 70평생 사는 동안 내 인생에 드리워졌던 갖가지 구름도 그려 본다. 어차피 '부운'이 아니던가. 담배연기를 한모금 쭈욱 빨아 구름처럼 내뿜어 보며 다시 한번 서쪽하늘을 바라본다.

(2008)

무지개를 예찬하며

무지개는 하늘의 선물이요, 물방울과 빛의 합작품이요, 빛의 프리즘이다. 비 온 뒤 하늘이란 광활한 무대에서 연출되는 자연의 축제다. 햇빛이 신랑이라면, 무지개는 곱게 차려 입고 혼례청에 선 신부다.

무지개는 하느님의 왕관이요, 머리띠며, 목에 두른 머플러요, 손에 든 노리개다. 아니 자연의 설치미술이요 그 전람이다. 자연의 '미스 진'이 무지개라면, 노을은 '미스 선'이다. 구름이 산문이라면, 무지개는 시다. 수많은 자연현상 중 인간이나 인간사회에 그 어떤 해도 끼치지 않는 것이 바로 무지개다. 비나 바람과는 달리 언제나 우리의 눈과 마음을 즐겁게 해준다.

문득 구약 창세기 '노아의 홍수'편에 나오는 무지개가 떠오른다. 40주야 내리던 지루한 장맛비가 비로소 그쳐 방주에서 나와 땅에 첫발을 내디딜 무렵, 하나님이 노아에게 다시는 이런 제2의 홍수가 지지 않게 하겠다는 징표로 무지개를 구름 사이로 보이게 해주겠다는 그 언약이야말로 곧 미래 희망의 상징적 가시물이 아니었던가. 그후 노아의 가족들은 그 무지개를 보았을 때 그 얼마나 기쁘고 즐거워 환호성을 지르며 어깨춤을 추고 또 추었을까.

이 무지개의 영어 레인보우rainbow가 바로 레인(비)과 보우(활)의 합성어라면, 우리말의 무지개는 '물'과 '지게'의 합성어 '물지게'에서 나온 말이다. 이때 '지게'는 곧 '지게문'의 준말로서 마루나 부엌에서 방으로 드나드는 무지개 모양의 외짝문을 말한다. 그 외형의 연상에서 이 말이 나왔으니 그 명명이 참 재미있다. 사람들은 이 문을 선호하여 주요 성곽이나 사찰의 출입구 통로에 이른바 홍예문을 장식인 양 설치했다. 국보 1호인 숭례문, 낙산사, 광화문의 홍예문이 바로 그 좋은 예다.

무지개는 동서양을 막론하고 지상의 인간들에겐 무한한 상상력을 키워주었고 또 손에 잡힐 듯 가깝고도 먼 동경의 대상이 되기도 했다. 일찍이 19세기 영국 낭만주의 시인 윌리엄 워즈워스는 그 유명한 시 〈내 가슴은 뛰누나〉(My heart leaps up)에서 "하늘의 무지개 바라보면/ 내 가슴은 뛰누나/ 나 어려서 그러하였고/ 어른이 된 지금도 그러하니/ 내 늙어서도 그러할지니"라고 사뭇 감동적인 어조로 노래하기도 했다.

문득 나의 초등학교 시절이 생각난다. 처음 배운 무지개 일곱 색을 차례대로 외우느라 하학길에서 마치 친구와 경합을 벌이기라도 하듯 '빨주노초파남보'를 주문처럼 외우고 다닌 기억이다.

그런데 그 후 많은 세월이 지난 뒤 이 일곱 색은 가시광선일 뿐 맨 위쪽 빨간색 외곽과 맨 아랫쪽 보라색 외곽에 또 다른 비가시광선을 각각 호위병처럼 거느리고 있다는 사실을 처음 알았다. 육안으로 본 사실과 과학적 사실에는 너무나 큰 차이가 있음에 놀라고 놀랐다. 그뿐만 아니라 지구를 벗어나 하늘 높이 성층권에서 보면 무지개는 반원이 아니라 사실은 원형이런 것도 알게 되어 더욱 놀랐다. 땅 위에 살고 있는 인간들이 사물을 보고 관찰하는 덴 한계가 있구나 하고 절감도 해보았다.

무지개는 예부터 어느 민족이나 부족에서건 간에 많은 신화와 전설 그리고 설화가 잉태되었다. 북유럽의 신화와 그리스의 신화를 보면 무지개는 하늘과 땅을 연결하는 통로로서 신에 의해 만들어진다고 믿었다. 동남아시아 원시부족들은 신령이 다니는 사닥다리로 보면서 특히 아침 무지개는 신령이 자고 나서 아침 물을 마시러 내려오는 것으로 보았다. 우리나라에선 선녀들이 무지개 타고 하늘에서 깊은 산, 물 맑은 계곡으로 목욕하러 내려온다고 믿었다. 또 무지개가 선 곳을 가서 파보면 금은보화가 묻혀 있다는 각 나라의 각가지 전설도 많다. 아일랜드인들은 금시계가, 그리스인들은 금열쇠가, 노르웨이인들은 금으로 된 병과 스푼이 각각 숨겨져 있다고 믿었다.

그리고 그 모양새에서 연상하여 고대 중국인, 오스트레일리아 원주민, 일부 아프리카 원주민 그리고 아메리카의 원주민은 아름다운 물뱀으로 보기도 했다. 또 일부 아메리카 원주민은 칼을 연상해 보았는가 하면, 고대 중국인들은 '천궁天弓'이라 부르며 하늘에 걸린 활로 보았고, 역시 비슷한 연상으로 영국인들은 레인보우라 하며 비가 만든 활로 보았던 것이다.

무지개는 참 영롱하고 아름답다. 그러기에 곧장 언어생활에서도 비유어로도 잘 쓰인다. 다리도 '무지개 다리'며, 물고기도 '무지개 송어'가 있고, 떡도 '무지개떡'이며, 문양도 '무지개 문양'이요, 모양도 '무지개 꼴'이며, 구름도 '무지개 구름'이다.

또 민간신앙이나 민속 차원에서 어떤 일을 도모하려고 하거나 막 시작하려는 때에 우연히 무지개가 뜨면 길조라고 한없이 기뻐하기도 했다. 장가나 시집가는 날, 아이가 태어나는 날, 무지개가 뜨면 좋은 징조요 하늘의 축복이라며 그 얼마나 흡족해 마지않았던가. 태몽도 무지개라면 길몽이라 좋아들 했다. 또 행운과도 연관이 있다. 그래서 북미 체로키 인디언은 '그대 어깨 위로 늘 무지개가 뜨게'라는 말로 축복의 인사를 나누었다. 이와 유사한 발상에서 ≪채털리 부인의 사랑≫을 쓴 D.H. 로렌스도 ≪무지개≫란 작품의 마지막 부분에다 여주인공이 무지개를 쳐다보는 장면을 상징적으로 넣어보기도 했다. 헤어짐에 따른 사랑의 고통 그리고 그 애인과의 사이에서 생긴 아기의 유산으로 인한 산후 고통, 그로부터 완전히 벗어난 어느 날 아침, 맑게 갠 하늘에 걸린 무지개를 보며 앞날에 대한 희망을 찾게 된다는 장면이다.

그리고 또 무지개는 이렇게 행운과 희망에 대한 기대의 징표가 되기에 바로 그 이름에서 따와 나라 이름을 별칭으로 부르고도 있다. 남아공은 바로 적도 부근이라 겨울인데도 아침 저녁으로 내리는 비로 자주 무지개를 볼 수 있어 외국인들이 '무지개 나라'라고 부르고 있으며, 몽골인들은 우리나라를 이와는 좀 다른 함의含意로 역시 '솔롱고스' 즉 '무지개 나라'라고 부른다 하지 않는가. 일단 그 연원은 접어두고 특히 몽골인들에게 우리나라가 아름다운 동경의 나라로 비치고 있으니 미상불 기분은 좋은 일이다. 그렇지만 이 무지개의 두 다리가 남과 북으로 뻗어 그 언젠가 하루빨리 남북 통일이 되는 그날이 와 명실상부한 '무지개 나라'가 되었으면 그 얼마나 좋으랴.

또 이런 이야기와는 사뭇 달리 언젠가 지구상에 나타날 '무지개 전사戰士'라는 예언적인 말을 나는 듣고도 있다. 우리와 인종학적으로 피가 같은 북미 인디언들은 바다 건너온 백인들에 의해 역사에 유례가 없는 4백여 년 간을 심한 고초를 당해왔고 또 그들의 땅과 자연도 심히 훼손당했다. 그러기에 그들은 같은 인디언 부족인 크리Cree족의 전설을 바탕으로 언젠가 다가오는 시대에는 지난날 그들의 조상들이 그랬던 것처럼 자연 환경을 살리며 모든 지구의 인간들이 조화롭고 평화롭게 살 수 있는 날이 오리라고 신앙처럼 믿고 또 믿고 있다. 옛 조상들의 죽은 영혼이 희다, 붉다라는 피부색을 떠나 환생하여 바로 그런 일을 감당하게 될 사람들이 곧 '무지개 전사'라는 것이다. 가만히 생각해 보면 아이러니컬하게도 현대문명이 디스토피아의 세계로 위험 질주를 하고 있는 듯한 이 환경위기의 시대에, 이런 '무지개 전사'들의 출현은 비단 북미 인디언이나 환경론자들만의 꿈이 아니라 어쩌면 모든 인류의 꿈일 수도 있지 않겠는가.

무지개는 예나 지금이나 상상력의 원천이요 동경의 대상인 것만은 불변의 사실이요 진실이다. 소망의 원천이요 소망을 이입시켜 보는 꿈의 대체물이다. 특히 자라나는 젊은 세대라면 간혹 한 번씩 무지개를 바라보며 미래의 꿈을 키워도 볼 일이다.

이런 맥락에서 먼 지난 시절을 한번 상상해 본다. 헐벗고 가난했던 아일랜드인이나 그리스인들 그리고 노르웨이인들이라면 무지개가 있는 곳을 한번 찾아가 금붙이를 얻을 수만 있다면 그 얼마나 좋을까 하고 상상도 했으리라. 또 지상에서 압제자들로부터 고통받았던 힘없는 무지렁이 민초들은 무지개를 보며 문득 이 세상을 벗어나 무지개나 타고 하늘나라로 한번 올라가 보았으면 하는 몽상도 해보았으리라. 또 가난으로 장가를 들지 못한 우리 백의의 나무꾼들은 서산에 걸린 무지개를 보고 무지개 타고 목욕하러 내려온 선녀라도 한 번 만났으면 원도 한도 없으리라 속으로 자문자답도 했으리라.

아니 또 있다. 대장부의 웅지를 품으며 "백두산석 마도진/ 두만강수 음마무/ 남아일세 미평국/ 후세수칭 대장부"라고 읊었던 남이 장군이 북방 두만강변에 떠있는 무지개를 보고 문득 하늘의 활 '천궁'이 떠올라 그것을 손에 쥐고 세상을 크게 한번 평정이나 해보았으면 하는 생각도 품어 보았으리라. 또 가까이는 이육사가 〈절정〉이란 시의 마지막 행에서 어쩔 수 없는 일제하의 겨울 같은 가혹한 상황이기에, 역설이지만 눈이나 감고 "겨울은 강철로 된 무지갠가 보다."라고 서러운 자위도 했다.

무지개는 역시 아름답고 기이하고 기묘하다. 만약 이 지상에 무지개가 없었다면 그 얼마나 삭막하고 삭막했을까. 예술이 자연의 모방이라면, 바로 그 정점에 무지개가 있다

(2013)

다시 써보는 '백설부白雪賦'

김진섭의 수필 〈백설부〉를 고등학교 때 처음 접했다. 교과서에 나와 있는 글이라 시험공부를 위해 읽고 또 읽었다. 명상적 요소에다 마치 눈 내리는 속도인 양 느린 만연체로 서정적 톤을 깐 눈 예찬의 명수필임에는 틀림없다. 벌써 60여 년이 지난 일이다. 그 작품을 다시 찾아 읽어 보았다. 60여 년이 지났으니 호기심에 나도 수필을 써는 사람이라 한번 리모델링을 하고픈 충동을 느꼈다. 그래서 그 작품에는 없는 여러 자료나 물감으로 덧칠을 해볼까 한다.

눈은 우선 청천聽川의 표현대로 "겨울이 겨울다운 서정시抒情詩"다. 한들한들 경쾌히 춤추며 내려오는 모습은 '윤무輪舞'요 '난무亂舞'다

눈은 백색의 의상을 입은 순결주의자요 평화주의자며, 자유

주의자다. 지상의 온갖 모습을 일시에 덮어주는 흰 이불이다. 흰 가운을 입은 성직자요, 먼 미지의 나라에서 내려오는 듯한 그 모습은 하늘춤을 추는 천사다. 거기에는 또 백의를 사랑했던 우리 조상들의 혼이 스미어 있어, 그 백의를 늘 보아왔던 우리 선조들은 문득 돌아가신 할아버지나 아버지의 흰 옷자락을 연상도 해보았으리라. 또 역으로 오늘을 사는 이 산업사회의 우리에게는 지상의 오염을 경고하는 경고장도 되고, 그 오염을 소리 없이 조상해 주는 문상객도 된다.

눈은 온갖 잡다한 생각을 품고 있는 지상의 인간들에게 잠시라도 깨끗함을 일깨워주는 교사요, 마음의 평화를 갖게 해 주거나 마음을 위무하는 전도사다. 내려서 쌓인 눈은 지나간 흔적을 남게 해 주는 도장밥이다. 모래밭의 자국이 불량품이라면, 눈자국은 특등 합격품이다.

눈은 농민들에게는 필요시 비의 대용이 되고, 땅속에 잠자고 있는 해충들을 박멸해 주는 자연 제충제 역할도 한다. 겨울 논밭에 겨울눈이 내리면 내년 농사가 잘된다고 좋아들 했다. 아이들은 아이들대로 눈사람을 만들고 눈썰매도 타고 눈싸움도 하며 추위도 모르고 즐거워 했다. 자연이 준 건강한 놀잇감이었다. 유소년 시절의 천진난만했던 그 정경이 지금 눈앞에 어른거린다. 어쩌면 사라져가는 이런 민속놀이 풍속을 살려보기 위한 안간힘의 축제가 바로 '눈축제'가 아닌가도 싶다.

눈 중에서도 특별히 기다리고 기다려지는 눈이 있다. 첫눈이 그렇다. 원래 인간생활에서도 '첫'자가 붙는 일이란 중요 관심의 표적이 아닐 수는 없다. 그러나 여러 자연현상 중 첫눈은 더더욱 그렇다. 첫눈이 오면 그 눈은 우리의 마음속에 내장되어 있는 감성의 건반을 두드려 주기에 누구나 마음이 조금은 들뜬다. 어디론가 정처 없이 눈을 맞으며 눈길을 걷고 싶고, 사랑하는 연인이 있다면 데이트를 하고 싶은 충동이 불쑥 일어 그런 일을 도모하기도 한다. 그리고 세월이 지나 첫눈이 내리면, 가끔 잊었던 기억도 나게 해주니 어쩌면 그 눈은 기억 속의 하얀 이정표도 되고 또 그 기억의 추억 속으로 빠져들게 하는 랜드마크가 된다. 이러기에 많은 노래와 시의 소재가 됨은 물론 영화도 만들어진다. 거기엔 감성이나 정서의 공동 체험이나 공감대 같은 주요 문법이 들어 있기 때문이다. 얄밉게도 이런 심리를 상업적으로 이용해 첫눈 이벤트까지 벌이고 있는 세상도 되었다.

또 크리스마스의 눈은 어떤가. 눈 오지 않는 크리스마스는 정말 삭막해 김빠진 맥주다. 뭐니 해도 크리스마스의 분위기를 살려주고 무드를 고조시켜 주며 경건한 마음까지 일게 해주는 것이 바로 이 눈이 아닌가. 상상해 보라. 성탄절 전야에 조용히 가족들끼리 모여 앉아 경건한 마음으로 부르는 찬송가 '고요한 밤, 거룩한 밤'은 말할 것도 없고, "나는 꿈을 꾸네, 흰 눈 내린 크리스마스를~."로 시작되는 〈화이트 크리스마스〉와 "흰 눈 사이로 썰매를 타고~."로 시작되는 〈징글 벨〉과 같은 캐럴을 부른다고 하자. 바깥에 흰 눈이 소리 없이 내린다면 그 얼마나 더 큰 축복인가.

눈의 이름은 비에 견줄 만하지는 않지만 그래도 그 이름이 제법 많다. 가랑눈, 가루눈, 싸락눈은 다 알지만 폭설을 소나기눈이라고도 한다. 더 챙겨 보면 쌓인 정도에 따라 겨우 발자국이 날 정도의 얇게 내린 자국눈, 살짝 깔린 살눈, 한 자 정도로 쌓인 잣눈, 사람 키 높이 한 길에서 따온 길눈이 있다. 또 밤에 몰래 내리면 도둑눈이요, 아무도 밟고 지나지 않아 숫처녀 같다면 숫눈이다.

눈은 비나 물처럼 문학에서 자주 이용되는 소재다. 시에서는 정서적 등가물이나 은유 그리고 상징으로 자주 이용된다. 김광균은 〈설야雪夜〉에서 그리움과 슬픔의 등가물로, 이육사는 〈광야廣野〉에서 일제 강점기하의 탄압의 은유로, 김수영은 〈눈〉에서 살아 있는 순결한 양심의 상징으로 보았다.

이에 반해 소설에서는 결정적인 중요 장면의 배경으로 자주 이용된다. 특히 러시아문학은 공간지리적 배경도 배경이긴 하지만, 눈 배경을 빼고는 작품 완성이 안 될 정도이다. 톨스토이의 ≪부활復活≫이나 ≪안나 카레리나≫를 생각해 보라. 또 보리스 파스테르나크의 ≪닥터 지바고≫를 생각해 보라. 이 중 러시아 혁명기에 한 인간의 비극적 사랑을 그린 ≪닥터 지바고≫는 춥고 광막한 설원의 설경이 그 사랑의 비극성을 더욱 고조시켜주지 않았던가. 아내 아닌 사랑하는 여인 라라를 살리기 위해 어쩔 수 없이 자기는 혼자 남고, 그녀를 마차에 태워 보내며 흰 눈이 쌓인 설원을 하염없이 바라보고 서 있는 지바고의 눈에서 나는 한없는 쓸쓸함과 말 못할 비통함 그리고 자괴감을 읽었던 기억을 지금도 잊을 수 없다. 또 하나의 예가 있다. 폭설로도 유명한 일본 혼슈의 중북부에 있는 니카타 지방이 배경이 된 가와바타 야스나리의 그 유명한 ≪설국雪國≫이다. 스토리보다도 이 소설을 제목 그대로 명실상부하게 이 소설답게 만든 것이 바로 눈이란 서정적 배경이다. 지금도 나는 그 설경들이 바로 눈앞에 펼쳐져 있는 듯한 착각을 느끼고 있다.

눈은 참 아름답고 좋은 것이다. 간혹 인간들에게 설해雪害를 입히긴 하지만 장점이 더 많다. 풍수해에 비하면 아주 양반 중의 양반이다. 이런 눈도 지구 온난화의 기상이변으로 좀체 보기 힘든 세상이 점점 되어가고 있다. 행여라도 머지않아 '찬란한 슬픔의 봄'이 아닌 '찬란한 슬픔의 눈'을 기다려야 할 시대가 더 빨리 오지 않을까 두렵다. 아니 북극과 남극, 알레스카와 알프스 그리고 히말라야의 만년설은 물론, 대륙의 한 가운데 더 높이 솟아 태고의 신비인 양 만년설을 자랑한다던 아프리카 킬리만자로와 남미 안데스 그리고 일본 후지산의 만년설도 못 볼 날도 그리 멀지 않았다고 하지 않았던가. 그것도 못내 걱정이다.

그래, 내 다음 세대 어디 쯤에 가서, 혹시라도 누가 나의 이

'백설부'와 같은 예찬 내용이 아니라 애도사 같은 것을 쓰게 될지 않을까도 싶어 두려운 마음도 든다. 아름다운 지구를 살리고 또 아름다운 눈을 위해 우리 지구의 문명인들은 자연과 상생할 수 있는 길이 어디에 있으며, 어떻게 해야 되느냐를 깊이깊이 생각해야 하리라 본다.

(2014)

바람, 바람, 바람의 넋

우리는 한순간이라도 '바람'을 마시지 않으면 숨이 끊어진다. 바람이 있기에 숨을 쉬고 숨을 쉬기에 우리는 산다. 아주 단순한 이치지만 그 어느 곳에서건 이 공짜의 바람이 있기에 우리는 그 소중함을 잊고 산다. 가만히 생각해 보면 어떤 주어진 시간에 물이나 불 더 나아가 먹는 것은 없어도 살 수 있겠지만, 바람이 없다면 이 세상은 곧바로 하직이 아닌가.

그래서 오늘은 이 '바람' 때문에 말 그대로 '생각바람'이 들어 '바람의 넋'들을 불러 모아 여러 생각들을 '춤바람'처럼 한바탕 신풀이를 펼쳐볼까 한다.

바람은 지구의 호흡이고 숨이며 우리 생명의 은인이다. 지구란 병원에서 대주는 산소 호흡기다. 아니 우리 인간만이 아니다. 무생물이 아닌 모든 생명체의 산소 호흡기다. 아니 땅도

바람을 마시고 숨을 쉬지 않는가.

바람결에는 태고의 음성이 있고, 그 소리에는 자연의 원초 음악이 있다. 밝고 경쾌한 장조長調가 있는가 하면, 어둡고 슬픈 듯한 단조短調 그리고 장단조가 있다. 그리하여 어떨 때는 실내악이 되고 또 어떨 때는 거대한 교향악이 된다. 쌩하고 불고 있는 겨울의 골목바람에는 어딘가 단조의 애조哀調가 깃들어 있고, 돌개바람(회오리바람), 센바람, 큰바람, 노대바람, 왕바람, 싹쓸바람에는 교향악의 합주 소리가 들어있지 않는가.

바람은 구름처럼 국경이 없는 사해주의자요 자유인이며, 그야말로 '바람 부는 대로' 떠다니는 방랑자요 유랑객이다. 심심할 땐 길이나 골목길의 무보수 청소원이 되기도 하고, 바다와 강, 산천초목을 춤추게 하는 춤 선생이 되기도 하고, 초목의 씨앗을 실어다 여기저기 뿌려주는 농부가 되기도 하고, 이 꽃에서 저 꽃으로 꽃가루를 날아다 주는 중매쟁이가 된다. 또 있다. 지표면의 안개를 걷어내는 몰이꾼이 되고, 서리를 없애주는 건조기 역할도 한다. 그뿐만 아니라 날개가 달린 생물체나 인공물인 비행기도 바람이 없다면 '물밖에 나온 고기'처럼 공중을 날지 못하는 형국이 아닌가.

바람은 볼 수 없고 만질 순 없어 때론 유령처럼 느껴질 때도 있지만, 그 손과 품은 삼라만상을 어루만져 주고 안아주는 왕초 애무주의자다. 이런 애무주의자도 한번 성이 났다면, 인간으로서는 속수무책일 수밖에 없는 파괴주의자로 변신한다. 나무가 뽑히고 집이나 시설물을 망가트리는 노대바람이 그렇고, 한 등급 더 올라가면 왕바람이 그렇다. 아니 또 마지막 최고 등급으로 한 등급 더 오르면, '인간들아 한번 보아라.'는 듯 거만한 태풍이란 싹쓸바람도 위풍당당히 나타난다.

그런데 싹쓸바람이라면 남서부 태평양에서 노상 머리를 내미는 이 태풍만이 아니다. 대서양 서부에서 발생하는 허리케인 그리고 역시 대서양에 원적을 두고 있으며 때때로 미국 중남부를 쑥대밭을 만드는 소용돌이바람 토네이도도 악명이 높다. 바람이란 이 자연현상의 극과 극의 모습에서 우리 인간은 한없는 나약함과 무력함을 느낀다.

인간은 이런 악한 바람이건 선한 바람이건 언제나 바람을 안고 살아야 했기에, 바람에는 수많은 종류의 바람 이름이 생겨났다. 불어오는 방향이나 불어오는 곳 또 그 세기의 정도에 따른 각가지 이름은 열외로 하더라도 각가지 무역풍과 각가지 계절풍도 있다. 심지어 좁은 틈이나 구멍으로 들어오는 몹시 차고 세찬 황소바람에다, 지난날에는 가마 타고 가면서 얼굴 내밀고 쐬는 가맛바람도 있었다.

이 수많은 이름들을 보며 참으로 신기하게 느낀 것은 투박한 한문 투의 이름 대신 순수한 우리말로 된 이름이 많은 것에 나는 놀라고 있다. 참 예쁘고 감칠맛 나는 이름 앞에 나는 그야말로 '바람이 들고', '바람이 났다'고나 할까. 봄 동풍의 샛바람, 가을 서풍의 하늬바람 또는 갈바람, 여름 남풍의 마파람, 겨울

북풍의 된바람 또는 높바람이나 높새바람이 그렇다. 그런가 하면 바람의 세기에 따른 실바람이나 산들바람은 그렇다 하더라도 나뭇잎이 살랑거린다는 남실바람, 종잇장이 난다는 건들바람 등이 나를 감탄케 하고 있다.

이는 농부나 어부와 같은 일반 서민들이 일상에서 늘 접해야 하는 것이 바람이었기에, '필요는 발명의 어머니'란 말이 있듯 자연스럽게 굳어진 우리말임은 사실이다. 아니 이런 이름 이외에도 더 생각해 보니 고추바람도 있고, 꽃샘바람도 있으며, 좀 살벌하긴 하지만 칼바람도 있다.

그뿐만 아니다. 바람은 속담이나 관용구로서 일반 언어 생활에서 무소불위의 힘을 발휘하고도 있다. 기후현상 중에서 바람만큼 그 위력을 발휘하고 있는 것이 없다. 엇비슷하게 따르고 있는 말이 있다면 '물'이다. 여기서 그것을 증명해 보이려면 한이 없다. 우선 속담이나 관용구 중 몇 가지 예로서만 그런 점을 상기만 해보자. 내가 이미 이 글 속에서 일부러 끌어와 깔아본 서너 가지 관용구는 제외하더라도, 어느 누가 '바람을 잡고', '바람을 넣고', '바람을 일으켜', '간에 바람이 들어', '바람 쐬러 나왔다'고 말한다면, 바로 그런 말이 좋은 예다. 또 속담을 보면 다 아는 속담이지만, "바람 앞의 등불", "바람 가는 데 구름 간다", "바람도 올바람이 낫다", "높은 나무에는 바람이 세다" 등도 있다.

그러나 더욱 특이한 현상은 어떤 정도가 지나치다 싶을 때,

그 사실의 대상어인 명사 뒤에 '바람'이란 단어만 붙이면 안 통하는 말이 없다는 우리말 특유의 언어 관행이다. '춤바람' '투기바람' '돈바람' '선거바람' '치맛바람' '곗바람' '한류바람' 등등이 있지 않는가. 심지어 '먹자 바람' '놀자 바람'이란 용례도 있는 것으로 보아 그런 예를 댈려면 밤이 샐 정도다. 내가 좀 알고 있는 영어와 비교하면 영어에는 아예 그런 용례도 없을 뿐만 아니라 관용구나 속담도 인색하다 싶을 정도로 그런 예가 거의 없다.

여기서 더 나아가 보면 바람은 문학적으로도 그 상징성이나 은유성이 많은 소재나 제재가 되었고 되고 있다. 웬만한 시인 치고는 이런 것은 물론 시적 장치의 배경으로서도 즐겨 이용해 왔다. 상징적 허무성, 불안성, 맹목성, 저돌성 등은 말할 것도 없지만, 각자 나름의 은유성도 찾아내 최대로 의미부여를 하려는 노력도 보였다. 시적 장치의 배경이라면 문득 영국 낭만주의파 시인이었던 P.B.셸리의 시 〈서풍에 부치는 노래〉가 떠오른다. 그 유명한 그의 명구 "겨울이 오면 봄도 멀지 않으리"가 바로 맨 끝구절인데, 그는 이 시에서 가을의 서풍을 자기의 자유로운 여러 생각을 기도하듯 호소해 보는 대상을 삼기도 했다.

그러면 시인들은 이렇다고 보면 일반 다른 사람들은 과연 어떠했을까. 인생을 살아오면서 각자 나름으로 분명히 주어진 상황에 따라 바람의 인생론적 은유를 떠올려 보았을 것이다.

순풍을 만났다고 좋아도 했을 것이고, 역풍을 만났다고 잠 못 이루는 고민도 했을 것이고, 또 어떤 사람은 돌풍이나 광풍을 만났다고 자기 운명의 한계가 바로 이것이구나 생각하며 길고 긴 한숨도 쉬고 또 쉬었으리라. 이 모두는 좋건 궂건 '바람, 바람, 바람의 넋' 탓이 아닌가 싶다.

지금 내 귀에는 또다른 바람소리 하나가 들려온다. 영국의 19세기 작가 에밀리 브론테가 쓴 소설 ≪폭풍의 언덕≫에 나오는 바람소리다. 주인공 히스클리프와 캐서린이 이 세상에서 맺지 못한 원한의 그 사랑을 풀기 위해 다시 원혼이 되어, 그 황량했던 요커샤의 폭풍의 언덕에서 밤낮으로 쌩하게 불어대던 그 바람과 함께 '바람의 넋'이라도 되어 나타나는지가 몹시 궁금도 하다.

(2014)

물, 물, 물 타령

나는 지금 목이 달라 물 타령을 하는 것이 아니다. 물이 사실은 소중하고 귀중한데 마치 공기처럼 흔하고 흔하다 보니 그 소중함을 방기하고 있다 싶어 이 생각 저 생각을 늘어놓아 보자는 뜻이다.

정말 호랑이 담배 피우던 시절이다. 기원전 6세기 경, 그리스에 철학자 탈레스라는 사람이 있었다. 그는 처음으로 만물의 근원이 '물'이라 했다. 그 이후 철학자에 따라 어떤 사람은 공기다, 또 어떤 사람은 불이다, 라고 설왕설래하다가 이런 일원론을 5세기 경에 엠페토클레스라는 사람이 종합하여 '4원소설'을 내놓았다. 물, 불, 공기, 흙이 곧 그 4원소다.

그 후 플라톤과 그 제자 아리스토텔레스도 일단은 이 설을 인정하며 좀 구체적으로 진일보시켰다. 또 그 후로도 이 설은 거의 변함없이 수용되었다. 이는 엄밀한 과학적 진실이 아닌 오류라 할지라도 상상력의 세계에서만은 충분한 진실을 확보하고 있다.

그래서 20세기에 들어와서는 프랑스에서 철학자요 문예이론가인 가스통 바슐라르 같은 사람도 나타난다. 그는 이런 건조한 물질관에다 이른바 '물질적 상상력'이란 옷을 입혀 혼과 윤활유를 집어 넣었다. 그것이 말하자면 '이미지의 4원소론'인데, 그것을 바탕으로 하여 그는 그 정신적, 문학적 문법이랄 수 있는 시학詩學을 창출해 냈다.

그러고 보면 물은 철학적 사유나 문학적 사유의 질료가 된다. 또 모든 생명의 필수 원소이다. 어린애 잠꼬대 같지만 중요하고 중요하다. 화학적으로는 단순히 산소와 수소의 결합물이지만 마법사나 마술사가 따로 없다. 많은 명상가들이 물의 모양, 성질, 속성 등을 두고 생각해 보았고, 인생의 은유나 교훈도 도출해 보았다. 문인들도 역시 마찬가지다. 나도 이 대열에 한번 끼여본다. 후렴구가 되어도 좋고, 남의 이야기를 빌린 것이라도 좋고, 혹시나 물에 관한 신곡 발표와도 같은 부분이라도 끼인다면 더더욱 좋다.

자, 그럼 타령으로 들어보기로 하자. 흙이 온상이라면, 물은 산천초목을 있게 하는 모태요 양수며, 산천초목을 자라게 하는 정액이다. 흙이 몸이요 살이라면 물은 그 체액이요 피다.

우리 몸의 3분의 2가 물로 되어 있는 것과 지구의 3분의 2가

물로 되어 있다는 이 우연 같은 사실 앞에 누구나 그 신묘함에 감탄하리라. 다소 폭력적인 아전인수라고 할는지 모르겠지만 지구나 우리 몸이 물을 함유하고 있거나 또 흐르게 하거나 또 내보내는 이치나 구조는 서로 엇비슷하다. 샘과 개천과 호수가 있고 나아가 강과 바다가 있고 또 크게는 지표면에 수분이 있듯, 우리 몸에도 이에 상응하는 모든 것이 거의 비장되어 있다. 머리에는 눈물샘, 콧물샘, 침샘이 있지 않는가. 호수 같은 두 눈의 눈물샘에서는 눈물이 흐르고, 두 골짜기의 콧물샘에서는 계류처럼 콧물이 흐르고 또 지표의 수분처럼 몸의 땀샘에서 나오는 땀도 있다. 오장육부에서는 바위 틈에서 졸졸 새어나오는 물 같은 분비액이 나오고 있으며, 많은 핏줄에서는 실개천이나 강과 바다처럼 피가 흐르고 있다. 지구와 인체의 이런 유사성의 상응이나 조응을 생각해 보고 있는 나는 지금 무척 즐겁다.

물은 변신의 천재다. 차갑게 하면 얼음으로, 열을 받으면 다시 물이나 수증기가 되고, 이 수증기가 다시 대기 속에서 응결되면, 구름이나 안개 그리고 비, 눈, 우박, 서리, 이슬로 변하여 모태회귀처럼 땅으로 내려오는 순환을 거듭한다. 액체에서 고체나 기체로, 고체에서 액체로, 기체에서 액체로 바뀌니 그 이치가 절묘하고 신기도 하다. 때론 기후를 좌지우지하기도 하고 또 그 변화에 나름으로의 역할도 한다.

물은 적응의 명수다. 고여 있거나 흘러드는 장소에 따라 호

숫물, 저수지물, 강물, 바닷물, 지하수가 되니 그 삶이 한없이 자유롭다. 공기보다야 못하지만 몸을 두고 있는 곳이 바로 주소지다. 그리고 모든 물의 원적지야 있겠지만 크게 보아 대부분 물의 최종 주소지는 바다가 된다.

땅이 부성이라면, 물은 모성이요 어머니다. 어루만져주고 모든 생물체에 수분이란 것을 공급한다. 공교로운 현상이 하나 있다. 우리 말 '물'이 M자로 시작하듯 여러 나라의 어머니란 단어가 'M'자로 시작하고 있다는 사실도 신기하다. 라틴어 Mater, 영어 Mother, 독어 Mutter, 불어 Mere 스페인어 Madre 등이 우연의 일치일지는 모르겠지만 아무튼 나는 이 현상에서 물의 모성을 더욱 확인하고 있다. '물'의 'ㅁ'자 시작이 곧 어머니나 엄마에 나오는 'ㅁ'자를 공유하고 있지 않는가.

물은 혈액형으로 보면 O형이다 물과 물은 말할 것 없지만 물과 흙, 물과 공기는 참 궁합이 잘 맞는다. 단, 물과 불은 상극이면서 상생도 한다. 불이 물을 만나면 죽지만, 물이 불의 열을 받으면 수증기가 되니 바로 상생의 조화가 있지 않는가. 그런데 이 4원소 아닌 물질인 기름과는 원천적으로 궁합이 맞지 않아 말 그대로 물과 기름과의 관계다.

가만히 생각해 보면 이런 저런 물의 좋은 성질이나 속성을 일찍 간파한 기원전 6세기경에 살았다는 노자老子가 이른바 '수유칠덕水有七德'을 설파한 일은 참 잘한 일이다. 그 아득한 옛날에 이런 점을 관찰하고 삶의 전범으로 삼으라고 한 그 혜안과 해석력이 놀랍고도 놀랍다. 1) 낮은 곳으로 흐름(겸손) 2) 막히면 돌아감(지혜) 3) 구정물도 받아줌(포용력) 4) 어떤 그릇에도 담김(융통성) 5) 바위도 뚫어내는 끊임없는 노력(인내와 끈기) 6) 폭포처럼 투신하는 자세(용기) 7) 유유히 흘러들어 큰 바다를 이룸(큰뜻)이라는 이 물의 교훈이야말로 이 세상의 우리 모두에겐 좌우명이 되고도 남을 일이다.

그렇지만 나는 여기에다 한 가지를 더 보태어 이유식 표 '수유팔덕水有八德'을 만들고도 싶다. 높고 낮음이 없는 수평의 그 평등성이다.

자, 이제는 타령을 그만 접을까 한다. 대신 거의 같은 시대에 동서양에 살면서 물의 중요성을 최초로 주장한 탈레스 사부님과 물에서 인생론적 교훈을 따온 노자 사부님께 감사하단 마음으로 그 시대의 물맛과 이 시대의 물맛이 어떻게 달라졌는지 묻고도 싶어 물이나 한잔 올릴까 한다. 거의 각 나라마다 수질오염이 심각해져 마실 물이 부족해 가고 있다고 부랴부랴 '세계 물의 날'을 정해 놓고 있는 오늘이라 과연 무슨 소리, 무슨 말을 들을지가 몹시 궁금하다.

(2015)

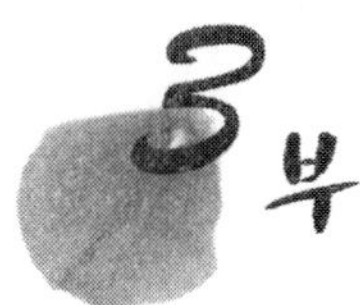

내 집의 귀중한 세전지물

잡학에 능했던 부자 2대

일화로 엮어본 선대조들 이야기

내 집안의 여러 내림 이야기

선대 할아버지의 좌우명을 찾아보며

가족의 소중함을 생각해 보며

내 삶의 오랜 보금자리, 대치동 이야기

문단 데뷔에 얽힌 여러 이야기들

별명으로 본 재미있는 문단인 이야기

문학 세미나 풍속과 나의 몇 가지 체험담

내 집의 귀중한 세전지물

놀라지 마라. 보물섬을 찾아 나서는 항해가 아니다. 평소 보아온 자료들을 한번 일단 정리해 보자는 뜻이다. 어느 집이나 어느 집안에서건 세전지물世傳之物은 있기 마련이다. '세전지물'이란 말 그대로 좀 먼 선대로부터나 아니면 가까이는 2, 3대 정도 전해져 내려온 물건이 아닌가. 만약 어느 누가 종손이라면 더 많을 것이고 또 종손의 대수가 높으면 높을수록 비례적으로 더 많을 것이다.

이런 세전지물에는 윗대의 유품이나 세간, 고문서나 고서, 고서화나 목공예품, 도자기류, 수집이나 애장해 온 기타의 골동품 등등이 있을 것이다. 이 중에는 국보급이나 보물급, 유형문화재급도 있을 것이고 또 귀중품도 있을 것이다.

나는 나의 13대조 일신당 할아버지 후예 집안의 7대 맏손자이다. 나의 집으로 보면 국보급은 언감생심이고 가보급 정도로 칠 수 있는 것이 두세 점 있고, 귀중품 정도급은 제법 있다. 선대에서 수집 취미가 없어서 그런지 값나갈 만한 서화나 도자기류 같은 것은 아예 없다. 크게 보면 선비 집안이라 그렇겠지만 대부분 문헌학과 관련 있는 것들이다.

가보급으로는 고문서에 해당하는 '공문서'가 하나 있다. 이 공문서는 나의 10대조와 관련이 있다. 함자는 이사눌李思訥이다. 숙종 원년에 다른 직에서 황해도 수안군수 겸 병마첨절제사로 발탁되었다. 임지에서 벼슬아치들의 민폐를 일소하고 선정을 베풀었다. 병마절도사가 이것을 알고, 치적을 높이 사 조정에 보고했는데 임금이 가상히 여기고 준마 한 필을 하사했다. 한지 한 장 크기에 그 내용은 물론 또 절도사가 별도로 보내는 병기兵器류 품목과 수량도 적혀 있다. 맨 끝에 강희康熙 14년 11월 12일로 되어 있는데, 강희는 청나라 강희제의 연호인데 이 해가 바로 숙종 원년 다음 해인 숙종 1년(1675)이다. 그러고 보면 무려 340년이 된 문서다. 평소에도 가보 1호라 생각하고 표구를 해 거실에 걸어두고 있다.

제2호는 조선시대의 '지도첩'이다. 최초의 원본은 아니고 사본이다. 천하도, 중국지도, 일본지도, 조선 8도 지도 등으로 되어 있는데, 낱장이 신문지 반절보다 조금 크다. 이것 역시 표구하여 장식도 겸해 거실에 걸어두고 있다. 짐작건대 바로 앞에서 한 번 언급된 10대조가 무인이었기에 가지고 있었던 것이 아니었나 싶다.

특히 원형으로 그려진 〈천하도〉는 숙종 원년에 홍문관에서 제작했는데 바로 그 〈천하도〉와 모양이 똑같다. 중국을 중심으로 한 그 주변부의 나라 이름 가운데 조선국, 안남국(베트남), 일본국, 서역제국 등을 제외하면 전혀 생소한 이름들이 적혀 있다. 특정 국명이 아니라 어떤 특징을 딴 상상 속의 나라 이름들이다.

이 지도를 가끔 쳐다보면 나름대로 여러 가지 상상을 할 수 있어 즐겁다. 피부가 희다고 백민국白民國, 눈이 움푹 들어갔다고 심목국深目國, 털이 많다고 모민국毛民國, 식인종이 산다고 식인국食人國 등등이 보이고 있는데 나에겐 흡사 ≪아라비안 나이트≫에 나오는 마법의 병과도 같다. 또 한편으로는 문명과 인지의 발달 앞에 놀라고 있다. 불과 3, 4백 년 전에 우리의 할아버지들이 상상해 보았던 그 나라들이 이제는 손오공 손바닥 안에 들어와 있구나 싶고 또 지난날 그런 미지의 나라들에 대한 할아버지들의 상상이 어느새 우리 세대에 와선 우주의 공간으로 펼쳐지고 있다 싶어서이다.

다음, 귀중품으로는 우선 서예 교본인 듯싶은 탁본이 제법 많이 있다. 6대조는 전국적 명성은 아니었지만 제법 이름 있는 금석학자요 서예가였다. 누구의 작품인지는 알 수 없지만 서예 작품도 여러 점 있고 또 10여 점 넘는 탁본첩도 있다. 그중 알 만한 것만 소개해 본다.

우선 '광한전백옥루상량문'이 눈길을 끈다. 이는 조선 중기 난설헌 허초희가 1570년에 지은 것으로 그의 문집 ≪난설헌집≫에 전하는 유일한 산문이다. 실제의 상량문이 아니다. 지은이가 스스로 신선세계에 있는 상상의 궁궐인 광한전백옥루의 상량식에 초대되어 써본 상상의 글이다. 동생 허균이 석봉 한호에게 부탁하여 그의 글씨를 받아 간행했다. 원문 글씨와 목판은 찾을 수 없고 탁본만 전한다고 하는데 그 탁본의 하나가 바로 세전지물로 나에게 있으니 귀중품이 아닐 수 없다.

그 다음은 한 권으로 묶여 있는 종합 탁본 글씨첩이다. 문종, 세조, 성종 등 몇몇 조선왕의 글씨를 비롯해 여러 중국 황제나 왕의 글씨는 물론 조선조의 몇몇 명신들의 글씨도 보이고 있다.

탁본 〈탁계필첩〉도 있다. 탁계濯溪는 66세 나이로 임란시 곽재우와 함께 의병장으로 큰 공을 세운 합천 초계 출신 전치원의 호다. 그는 젊은 시절부터 글씨 잘 쓰기로 소문이 났다. 35세 때는 황강의 벗 남명이 쓴 스승 황강 이희안의 묘갈명을 그의 글씨로 쓴 것만 봐도 알 수 있다. 또 47세 때에는 남명의 벗 성운이 쓴 남명 묘갈명의 글씨도 썼다. 그 많은 제자 중에 그가 선택되었다는 것은 곧 명필임이 증명된다. 68세 때에는 금병팔첩을 써서 큰아들에게 주었고 또 주희 곧 주부자의 〈무이구곡시〉를 초서로 써서 집에 보관했다 한다.

아무튼 나의 짧은 소양으로는 이 탁본이 그의 서예 작품 중 어느 것에 해당하는지는 알 수 없지만, 필첩 제목이 〈탁계필첩〉인 것만은 사실이다. 6대조 할아버지가 사셨던 산청 신안면과 합천 초계는 먼 거리가 아니기에 쉽게 입수할 개연성은 높다. 참고로 탁계의 손자도 서예의 대가였다 하며 또 전두환 전 대통령은 그의 방계 후손이다.

다음, 귀중한 문집 중 제1호는 면우 곽종석의 ≪면우집≫이다. 면우는 널리 알려진 대로 한말의 대유학자요 의사이다. 사후 7년이 되던 해인 1926년에 서울에서 출간되었는데 총 165권 63책이다. '권'이란 '책'과 동의어로 쓰는 요즘의 말과는 좀 다르다. 분류 항목으로 '책' 한 권에 몇 '권'의 내용이 들어가 있으니 편집체제로 보아 책의 하위 개념이다.

면우는 우리나라 인물 가운데 세 번째로 많은 글을 남긴 분이다. 증조부가 돌아가시기 2년 전에 나온 책이라 본인은 물론 아버지의 스승이라 구입했다. 중학교 시절에 할머니가 앞으로 잘 보관하라는 뜻으로 이 책을 구입하는데 벼 몇 섬이 들어갔다는 말씀을 했던 기억이 난다. 특히 이 문집 속에는 학문에 관해 증조부가 올린 글에 대해 답하고 있는 서찰이 여러 편 들어 있어 더욱 잘 보관하고 있다. 참고로 면우 선생이 직접 쓴 나의 10대조와 6대조 묘갈명도 그 책 속에 들어가 있는데 그 육필 원본을 내가 지금 보관하고 있다.

그리고 이 외에도 약 100여 년 전에 나온 중요한 근세의 책들도 더러 있다. 그 중 2권을 골라 본다. 한말의 문신이요 학자였던 이건창의 시문집 ≪명미당집明美堂集≫ 20권 6책이 있다. 사후인 1917년에 중국에서 나왔다. 또 역시 한말의 한문학자 겸 문인인 김택영의 ≪창강고滄江考≫도 있다. 창강이 중국에 망명해 있을 때인 1911년도에 나온 것이다. 모두 14권 6책이다. 호기심에서 인터넷 고서점에 들어가 이 ≪명미당집≫을 쳐보았더니 생각보다 고가였다. 이 모든 한말의 책은 증조부가 구입한 것이다.

대충 세전지물 중에 내가 알 만한 것만 골라 소개해 보았다. 더 많은 탁본과 고서와 필사본 그리고 문집과 근세의 책이 있긴 하지만 내 능력으로는 분별해 낼 재주가 없다. 언젠가는 서지학자나 감정 전문가에게 감정을 의뢰해 볼 생각이다. 혹시 횡재수가 있을지도 모를 일이 아닌가.

자, 그럼 선대의 세전지물이 이렇게 전해졌다면 나는 과연 어떤 세전지물을 물려줄 것인가? 나 역시 할아버지들을 닮아 고가로 사들인 수집품이나 골동품은 없다. 궁색하지만 나의 저서 30여 권, 이름을 대면 알 만한 정도의 상패 육칠 점, 그 다음 저자의 사인이 든 일부 이름 있는 문인들의 저서 정도가 아닐까 싶다. 꼭 더 찾아보라면 작가 김동리 선생이 써준 나의 집 가훈과 또 나의 정년퇴임식에서 제법 유명한 분들로부터 받은 약간의 서예작품들과 그림 두세 점이 있다. 돈으로 사들여 세전지물로 남는 것에 비한다면, 나와 관련 있는 사연이 있기에 그런 나름으로 뜻은 있으리라 본다. (2014)

잡학에 능했던 부자 2대

우선 내가 여기서 말하고자 하는 '잡학雜學'이란 말의 뜻부터 밝혀두어야겠다. 조선시대 과거의 꽃이었던 문과의 정통학문이 아니라 잡과의 과목, 즉 음양과의 천문지리서나 의과의 의술서를 염두에 두고 해 보는 말이다. 그런 관점에서 두 할아버지의 이야기를 풀어 나가 보기로 하겠다.

나의 직계 할아버지 중 아주 먼 윗대 할아버지들은 제법 벼슬깨나 했으나 8대조부터는 아예 벼슬이 없었다. 유학자 아니면 유생으로 모두 일생을 마쳤다. 그러다가 증조부와 조부 대에 와서는 그런 집안의 전통을 잇기는 했지만 상당한 변화가 있었다. 좀 별난 공부, 즉 잡학 공부를 했다. 천문지리, 한의술, 주역이나 역술의 운명학을 거의 독학으로 공부하고 연구했다.

증조부는 1880년에 태어났고, 1927년에 48세로 작고했다.

어떻게 보면 한말의 풍운의 역사와 함께했다 할 수 있다. 태어나 5세 때인 1884년에는 갑신정변이 일어났고 또 10년 후인 15세 때인 1894년에는 갑오경장이 있었다. 그 다음 10년후쯤 26세 때인 1905년에는 을사보호조약으로 알려진 을사늑약이 강제 체결되었고, 드디어 31세 때인 1910년에는 경술국치란 한일합방으로 나라를 잃는 뼈저린 비운도 경험했다.

이런 다난한 역사의 와중에서 생각 있는 한 젊은이로서 또한 식자로서 우국충정이나 애국적 열정도 남 못지않았다 했으니 정체성 찾기나 입신 문제로 많은 갈등과 고민도 있었으리라 본다.

먼저, 갑오경장으로 종래의 과거제도가 폐지되고 또 거기에다 을사늑약이 체결되었으니 아예 청운의 꿈은 일찍부터 접어야 했다. 또 조약이 체결되기 바로 얼마 전엔 일본이 바야흐로 국권을 찬탈하기 위해 팔도의 군대를 해산시키려 하는 그들의 간교한 계책을 미리 간파도 했다. 우국의 일념으로 그런 문제를 상의하러 거창의 다전茶田에 거하고 있는 스승 면우 곽종석을 찾아갔다가 실망만 하고 돌아온 적도 있다. 흩어진 군사를 불러 모아 우리의 자주적 힘을 보여주어야 하지 않겠느냐고 제언을 해보았는데 스승은 그저 기특한 우국의 인재로만 여기고 아무런 답을 주지 않았다. 물론 그 뒤 선생은 조약이 체결되자 그 조약을 폐지하고 5적의 목을 베어야 한다는 상소를 올리긴 했으나 이에 앞서 본인의 제안이 일단 좌절되었으니 여전히 마음의 상처는 남아 있었으리라 본다.

다음은 조약이 체결되었을 때의 일이다. 우국의 선비들이 국내 열강의 여러 공관에서 공개 토론회를 열려고 같이 참가하자고 하자 이미 국운이 다 된 것을 미리 알고 안타깝긴 했겠지만 부질없는 일이라고 아예 마음을 접어버린 일도 있다. 어쨌거나 나라의 운명을 생각해서는 마음이 크게 아팠으리라 본다.

그 후론 심란하고 우울한 마음 가눌 길 없어 한동안 산꼭대기나 물가에 홀로 나와 앉아 하늘을 우러러 탄식하는 세월을 보내며 일체 외부의 세상일과는 담을 쌓고 은거하다시피 했다. 그 다음 마음을 가다듬고 새로운 공부를 시작했다. 지금까지 공부한 학문(유학)이 세상을 구하기엔 한계성이 있고 또 공리공론에 치우친 점을 깊이 깨닫고 이용후생과 실사구시의 생활학 내지 실용학문 쪽으로 완전히 생각을 바꾸었다. 그것이 이른바 종래의 유학이나 성리학의 견지에서 보면 잡학으로의 방향전환이다. 천문지리서, 병서兵書, 한의술서. 농서와 뽕나무 키우는 법에 관한 책, 음양오행과 그것을 숫자로 풀어서 설명한 상수철학象數哲學 등의 연구에 몰두했다. 요샛말로 하면 일종의 복합학문이나 통합학문 내지 통섭학인 셈인데 독학으로 공부하고 연구했다. 특히 ≪주역≫에 관한 주석서가 몇 상자가 넘었다 한다. 나중에는 그 누구도 따라올 수 없는 경지에까지 이르렀다는 기록이 다른 사람이 쓴 행장에 나와 있다

결국 이런 것을 공부하고 연구한 결과, 찾아오는 손님이나 마을 사람들에게 영농법이나 양잠법을 가르쳐도 주기도 했고, 길흉사의 택일은 물론 때론 관상이나 묏자리도 봐주었으며, 위급한 환자들의 처방도 내려주었다. 그리고 또 한편으로는 초야의 학자로서 더러 제자들도 가르치면서 주역의 최고 높은 경지를 이론화시켜 본 저술도 했고, 여러 사람들의 토지를 가장 서로 효율적으로 이용할 수 있는 새로운 구혁제도의 도입문제는 물론 이에 따르는 가난한 농민의 구제 방책도 글로써 펼쳐 보이기도 했다.

그러다가 임종을 좀 앞둔 시기쯤에는 늘 식민지하의 현실을 한탄하며 사람들을 만나면 "황하가 아직 맑아지지도 않았는데 내 머리가 이렇게 희어졌으니, 나는 성인聖人이 세상에 나오는 것을 보지 못하고 죽을까 두렵네."라고 말하곤 했다 한다.

그런데 그 말이 씨가 되기라도 한 듯 얼마 있지 않아 곧 병을 얻어 48세의 아까운 나이에 그만 돌아가시고 말았다. 신기한 일은 자기의 임종 일시를 미리 알았기에 가족이나 주변 사람들에게 그 일시를 예고해 주기도 했다 한다. 아닌 게 아니라 바로 그 일시에 운명하고 말았다니 모든 사람들이 귀신도 놀랄 정도라고 그 예언력에 깜짝 놀라고 놀랐다고 한다. 살아생전 할머님이 나에게 들려주신 이야기다.

장례식에는 세거지인 산청군 신안면 청현 마을에 문상객이 무려 수백 명이 모여 들었고, 아깝게도 큰 인재를 너무 일찍 잃었다는 탄식이 줄을 이었다 했다. 이는 곧 할아버지의 덕망과 학문 그리고 사람들을 보살펴준 인애와 보시 정신의 결과라고 본다.

그러고 보면 잘못 만난 세상 탓에 지절志節을 꺾고, 초야에 묻힌 불세출의 학자로 또 국운을 염려한 불세출의 지사志士로 또 한편으로는 이용후생이나 실사구시를 도모한 불세출의 경세가로 일생을 보냈다고 일단 정리해 볼 수 있을 것 같다. 후손으로서 그 단명이 너무 아쉽다.

다음은 바로 이 할아버지의 아들인 나의 조부 이야기다. 은연중 부전자전임을 내비쳐 보기 위해 일부러 아들이란 말을 강조해 보았다. 1897년에 태어났다. 이 할아버지 역시 아버지의 영향인지 잡학에 심취했다. 아버지 세대와는 아주 세상도 달라져 아예 유학 공부는 흉내만 내고 집에 있는 한의서, 풍수지리서, 음양오행서 등에 몰입했다. 그리고 아버지와는 좀 다르게 불교와 도교 등 이른바 방외학方外學에도 별도 관심을 가졌다.

그러다가 증조부가 돌아가시자 아버지의 장사를 치른 그 다음 해인 32세 때부터는 거의 10년간 수차례에 걸쳐 지관의 패철을 차고 명산대찰과 옛 도읍지, 명현들의 사당 등을 두루 찾아 전국 방방곡곡을 둘러보았다. 지난날 할머니의 말에 의하면 한번 나갔다 하면 2, 3개월 심지어는 3, 4개월 만에 돌아오곤 했다는 것이다. 10년간 답사나 참배한 곳을 정리해 보니 이런 곳이 보이고 있다. 명산대찰로는 부소산, 계룡산, 금강산, 묘향산, 가야산이 나와 있고, 옛 도읍지에는 경주, 부여, 한양, 송도, 평양이 있고, 참배 차 들른 곳으로는 윤선도의 유택, 퇴계의 사당을 비롯해 선대의 스승이었던 남명 조식, 한강 정구, 동강 김우옹, 입재 정종로, 만구 이종기, 물천 김진호, 면우 곽종석의 사당이 나와 있다. 그리고 동래성도 들어 있다. 풍을 좀 쳐 본다면 가히 모택동의 대장정에 비견할 만한 거리요 시간이었다고나 할까. 이것은 곧 짐작은 하겠지만 넓게 보아 풍수지리의 안목을 넓히기 위한 현장실습에다 산천경개와 세상 구경이었다.

드디어 내가 태어났던 해인 1938년도에 이런 장정을 모두 끝냈다. 그리고 그 다음 해, 진주 재판소 앞에 있는 버스 차부, 요샛말로 하면 시발과 종착의 주차장인 그 근방의 요지에 자호를 따 '동암당東庵堂'이란 한약방을 열었다. 그때 연세 43세 때다. 그리고 또 그 다음 해 내가 세 살일 때, 나를 포함해 일부 고향에 남아 있던 가족을 솔가시켜 합권을 했다. 한동안 내 본적지가 진주가 되고 또 일제시대지만 덕분에 마치 선택을 받은 양 봉래유치원을 다니게 된 배경도 이에서 연유되고 있다.

한약방은 금세 명의로 소문나 문전성시였다. 또 때론 일가친척이나 진주의 내로라 하는 명사와 같은 피할 수 없는 인물들의 간청이 있는 경우라면, 관상도 봐주었고 묏자리도 봐주었다. 여기에다 또 예언력도 있어 해방과 6·25도 예언해 기인이사奇人異士란 말도 들었다. 할머니에게 직접 들었던 그런 예 하나가 있다. 어떤 멀쩡한 사람의 관상을 보고 겁도 없이 어느 해 어느 날에 급사할 것이라고 말했다가 그만 그 집안사람들이 몽둥이를 들고 몰려와 생사람 잡게 되었다고 난동을 부리는 곤욕을 치르기도 했다, 아닌 게 아니라 뒷날 그 예언이 그대로 맞아 떨어져 그 집안사람들이 무릎을 딱 치며 후회도 하고 탄복도 했다는 것이다. 이 소문이 더욱 날로 퍼져 이왕이면 약도 짓고 관상도 한번 볼 겸 사람들이 구름처럼 모여 들었다.

그러다가 대동아 전쟁이 막바지로 치닫고 있을 즈음, 두 전쟁의 화를 피하려면 일찌감치 도시에서 시골로 들어가 살아야 한다고 내가 6세 때인 1943년도에 하동군 옥종면에 신기 잡아 지어 놓은 고래등 같은 새집으로 이사를 갔다. 물론 사랑채에 별도의 한약방도 열었다. 그런데 이게 무슨 조화란 말인가. 이사한 지 겨우 6년 만에 병을 얻어 별세하고 말았는데 6·25 바로 전 해 향수 불과 53세였다.

지금 문득 생각나는 일이 있다. 초등학교 저학년 시절, 할아버지 사랑방으로 큰손자인 나와 나보다는 두 살 아래인 막내아들인 작은삼촌이 함께 내려가 간혹 잠을 잤던 일들이 생각난다. 할아버지를 졸라 옛이야기를 듣는 재미가 깨소금 맛이었다. 오늘따라 명종 때 그 유명했던 풍수지관 남사고와 그리고 선조 때의 방외인으로 기인이었던 토정 이지함에 관해 들었던 몇 가지 재미있었던 이야기도 기억난다. 어쩌면 할아버지는 이 두 사람을 요샛말로 하면 롤 모델로 삼았지 않았나 싶다. 작고한 나의 친구 한산 이씨 소설가 이문구가 그의 윗대 할아버지 토정에 관해 소설 ≪토정 이지함≫을 쓴 적이 있다. 욕심으로 나의 할아버지도 장수를 누리면서 그 정도만 이름이 드러났다면, 이런 조각글인 행장류의 글이 아니라 전기도 쓸 법하다 싶어 한편으로는 괜히 용심도 난다.

그러고 보니 또 하나의 아쉬움이 있다. 나의 아버지도 비록 신식 공부를 하긴 했지만 역시 부전자전이라 그 계통에 많은 관심을 보였는데, 세상 탓으로 일찍 저세상 사람이 되고 말았다. 만약 그렇지만 않았다면 우스개이지만 3대 도인이나 3대 잡학박사가 나올 수 있지 않았나 싶다.

지금 이 순간, 이른 아침에 간혹 생 솔잎을 따다 괘를 뽑고 계시던 할아버지 모습이 생생히 떠오른다. 그리고 펜을 들고 있는 나의 모습과도 겹쳐지고 있다. 솔잎 괘에서 그 무엇을 알아보시려고 고심하던 할아버지나 펜 끝으로 그 무엇을 써볼까 고심하고 있는 나는 어차피 비슷한 피내림이 있는 조손지간임은 분명하구나 싶다.

(2015)

일화逸話로 엮어본 선대조들 이야기

살다 보면 누구에게나 삽화 같은 자투리 이야기들이 있기 마련이다. 우리 수필가들은 이런 소재로 이른바 '신변수필'을 생산해 내고 있다. 더욱이 오랜 세월 속에 잠자고 있는 선대인들의 생활이라면 더욱 호기심을 끌 수도 있지 않나 싶다. 그런 맥락에서 나는 '가계수필'로서 선대 할아버지들의 일화를 찾아내 이 글을 써보는데, 문단 이면사가 재미가 있듯 흥미를 좀 끌 수도 있지 않을까도 싶다.

나의 16대조에는 중종조에 벼슬을 한 이적李迪이라는 분이 있다. 마지막 벼슬은 홍문관 교리다. 교리 되기 바로 전에 글이 뛰어나 중국에 서장관으로 간 적이 있다. 황제와 이야기를 나눌 수 있는 기회가 있었는데 황제가 이 할아버지의 문장과 재덕에 감동을 받아 작은 나라 조선에 이런 영재가 있다는 것을 알고, 그런 점을 가상히 여겨 직접 서너 가지 하사품을 내렸는데 이때에 조선에서 구하기 힘든 책을 일부러 청해 하사받기도 했다.

그런데 돌아오자 이런 사실이 알려져 곧 교리 겸 경연 시독관 참찬관을 제수받는다. 그리고 이런 일 외라면 이 할아버지가 조정에서 물러나 있을 때의 이야기다. 회재 이언적의 본 이름도 사실 처음은 이 할아버지 이름과 똑같은 적迪이었다. 그래서 어느 날 중종이 회재를 보고 지난날 조정에 그대와 이름이 같은 사람이 있었다고 하면서 혼동을 피하고 예의로 보아 '彦'자를 넣어라 하여 결국 회재의 이름이 이언적이 된 것이다. 그후 세월이 한참 지나 회재의 이름이 드러나고 또 나의 할아버지도 고향에 내려가 후학들을 가르치며 더욱 이름이 높아지자 사람들은 강우江右 즉 경상우도에 나의 할아버지가 있다면, 경상좌도인 강좌江左에는 회재가 있다고 칭송하기도 했다.

이 일화를 음미하면서 사람이란 그 어디에 있건 능력만 있으면 그 능력을 알아주는 사람이 있구나 싶고 또 그것으로 말미암아 좋은 일의 기회도 오는구나 싶은 생각도 해보고 있다.

15대조 도남圖南 할아버지 경우라면 활 쏘기와 관련 있는 일화가 있다. 우리 집안에서는 동래부사공이라 부르고 있다. 이 일화는 경직京職으로 종묘의 제사와 시호諡號 업무를 관장하는 봉상사 부정(종 3품)으로 있을 때 이야기다. 그때 벌써 나이가

66세였는데 어느 날 상감인 명종이 왕림하여 신하들 활 쏘는 솜씨를 구경하고 있었다. 무신 아닌 문신인 할아버지가 환갑을 훨씬 지난 늙은 나이에 뜻밖에도 활 세 발을 연달아 명중시켜 1등을 하는 것을 보고, 상감이 이를 가상히 여겨 특별히 동래부사로 제수했던 일이 있다.

나는 이 예화를 보며 물론 다 아는 사실이긴 하지만 특히 나의 할아버지 일이라서 사람이란 꼭 한 가지 능력만 있는 것이 아니구나 싶은 생각을 더욱 실감나게 확인해 보고 있다. 그뿐만 아니라 때론 어떤 우연한 일 또는 그런 것이 계기가 되어 어떤 일도 잘되어 갈 수도 있는 게 아닌가 싶다. 세상일이란 꼭 마음을 먹고 한다고 억지로 되는 것이 아니라, '우연의 필연'이란 말이 있듯 우연으로 되는 일이 비일비재할 수도 있다는 사실을 통감해 보고 있다. 어찌 보면 그것도 다 운명이요 또 운명적 만남의 인연과 기회이리라.

그리고 비록 직계는 아니지만 이 15대조 할아버지의 형제 중에 바로 손아래 동생에 형남亨南이란 분이 있었다. 호는 비암比巖이다. 중종 29년 22세 때에 명경과明經科 말단에 합격했는데, 마침 당시 81세로 낙방한 한 노인이 있기에 임금이 이를 애석히 여겨 젊고 다음 기회가 얼마든지 있다 생각하여 그 노인을 할아버지 대신으로 합격시킨 일이 있다. 그 후 선조 27년(1594)에 임금이 이 사실을 알고 특별히 할아버지를 불렀으나 고인이 되어버렸다는 사실을 알고 대신 외아들을 한성부 우윤에 제수한 일이 있었다. 이 할아버지는 아들 3형제를 두었는데, 우리 종중 '비암공파' 후손으로 맥을 이었다.

14대조 광전光前 할아버지의 경우는 집단으로 해코지를 당한 경우다. 명종 2년 30세에 대과 급제를 했고, 불과 1년 후 저작 직에 있을 때 불행히도 요절했다. 그 유명한 양사은과 과거 급제 동기이다. 성격이 곧고 불의에 타협하지 않는지라 승문원에서 일할 때 기강을 쇄신코자 하면서 모든 일을 원칙과 순리에 따라 과감하게 처리하려 했다. 그러자 주변의 서울 토박이 몇몇 권세가들이 저 산청에서 올라온 시골 친구라고 깔보고 우물에 밀어 넣고 돌까지 던지는 일이 일어났다. 그렇지만 이런 일에도 꿈쩍도 않고 소신대로 일을 처리했다는 기록이 나와 있다.

이 일화를 확인하면서 이 할아버지의 성격이나 기질이 우리 집안에도 그 한 유전자가 되어 지금도 유전되고 있다 싶다. 후대의 몇 할아버지에게도 이런 점이 있다는 것을 기록과 들은 이야기를 통해서 이미 알고 있기도 한데 또 여기에 나까지 한 번 대입도 시켜 보았다. 사실 나 자신도 지저분하고 옳지 못한 일이라면 십리는 아니더라도 그 반의 반이라도 도망가려는 경향이 있다.

13대조 천경天慶 할아버지도 평소 한없이 유하고 인자하면서도 때론 부전자전이라고 강직한 면이 드러났다는 기록을 지금 보고 있다. 남명의 열 손가락 안의 제자로서 벼슬을 멀리

하고 평생을 유학자로서 가르치고 학문이나 강마하고 살았다. 평소의 생활에서 간사하고 잘못된 행동을 하면 용서하지 않으려는 성품이다. 그 한 예가 남명 문하에서 동문수학한 정인홍과의 절교이다. 서로 사는 곳이 멀지 않아 한번은 옛 연도 있고 해서 그 집으로 방문한 적이 있다. 가서 가만히 보니 손님으로 보기에도 나이 불과 세 살 위 밖에 안 된 처지에 불쾌할 정도로 기세가 너무 높고 또한 그 부자간에 오가는 언사가 매우 불손함을 보고 돌아왔다. 그는 원래 성격이 거칠고 워낙 좌충우돌이라 그 인간 됨됨이에 너무 놀라고 실망한지라 당장 편지를 냈다. 이젠 옛 교분을 끊겠다고 밝히면서 심지어 그가 사는 곳을 지칭하여 '가야산의 늙은 역적老敵'이라 몰아붙이며 어찌 빨리 죽지 않는가라고 호통을 치듯 했다. 아닌게 아니라 그 후 정인홍은 비록 할아버지의 사후이지만 마치 사필귀정이기나 한 것처럼 인조반정 때에 목숨을 잃고 마는 결과를 맞는다.

그런데 이제는 이 13조 할아버지의 이야기 중, 이런 이야기와는 전혀 다른 부드럽고 한편으로는 감동적인 이야기를 해볼까 한다. 이 할아버지는 일찍 혼자된 어머니를 효자로서 지극정성 모셨다. 임진란이 일어나기 바로 전 해 11월에 어머니 상을 당했고, 연세는 50대 중반이었다. 그리고 다음 해 곧 임진왜란이 일어나자 소상도 마치지 못한 복중이라 피난길에 오르면서도 나무로 만든 신주를 품에 넣고 제기를 짊어지고 결과적으로는 후에 최종적으로 닿은 곳이긴 하지만 머나먼 함경도 함흥으로 피난길에 올라 있었다. 그 와중의 피난길에서 곧 소상, 그 다음 해에 대상도 치르게 된다. 이때 어쩌면 기적 같은 일 아니면 한편의 '전설 따라 삼천리' 같은 이야기가 연출된다. 소상 때는 물론 대상 때도 제수를 구할 길이 없어 한탄하고 슬피 울고 있었다. 지성이면 감천인지 소상 때는 어떤 사람이 몰고 지나가던 소가 어쩌다 다리를 부러뜨리게 되어 천우신조처럼 할 수 없이 도살하게 되자 이것을 좀 얻어 제수로 썼으며, 대상 때는 참 우연히도 마침 나무에 걸쳐놓은 그물에 날아가던 꿩이 걸리는 것을 문득 바라보게 되어 또 그것으로 제수를 삼았다.

내 나이 중년에 나는 할아버지의 행장을 읽고 이 사실을 비로소 알게 되었다. 그리고 다시 한번 나를 추스르게 되었다. 솔직히 내가 할머니, 어머니를 모시고 4대가 한동안 같이 살다 보니 때론 힘도 들고 짜증이 나 불경스런 생각이 간혹 들기도 했는데, 그럴 때 할아버지의 이런 효심이나 정성이 생각나곤 해서 다시 마음을 다잡고 고쳐먹기도 했다. 불효를 막아준 교훈이었다고나 할까.

8대조 할아버지의 경우는 지금까지의 이야기와는 아주 맛이 다르다. 제법 우스운 이야기다. 이 할아버지는 숙종과 경종 때 분으로 75세에 돌아가셨다. 우리 집안에서 장가를 세 번이나 든 분으로 우스개로 기록 보유자다. 일찍 또 일찍 상처를 두 번이나 하고 보니 그럭저럭 연세가 제법 들고 말았다. 이렇다 할 약이나 의술이 없었던 시대의 슬픈 그림자다. 세 번째 장가를 들 때, 그래도 조부가 수안군수를 지냈고 또 아버지가 승이랑이라서인지 장인은 벼슬이 오위五衛 소속 종4품 무관직 부호군이었다. 장가를 드는 날 비록 나이가 들어 수염이 제법 희끗희끗하긴 하지만 명색이 새신랑이 초례청에 섰을 때 남보기도 그렇고 해서 당시로 봐서는 특히 시골이라 이렇다 할 염색약을 구할 길이 없어 답답한 대로 응급 처방을 했다. 먹을 갈아 먹물을 칠해서 갔다. 그런데 혼례 바로 당일은 그나름으로 눈가림이 되었는데 이튿날 아침에 세수를 하고 나니 그만 들통이 나고 말았다. 희끗희끗한 수염의 늙은 신랑이란 농을 들으며 약간은 짓궂은 놀림을 받았다 한다. 이 이야기는 내가 중고 시절에 왕고모할머니에게서 들었던 이야기다.

6대조 할아버지는 지역사회에서 이름난 학자였다. 어릴 때 공부 머리가 너무 조숙할 정도로 일찍 틔어 기이한 신동이라 했다. 혹시 너무 일찍 지혜가 열리면 만의 하나라도 상서롭지 못한 일이라도 생길까 봐 나의 7대조인 아버지가 당분간 글방에 못 가도록 완강히 제지한 일도 있었다. 그런데 어른이 되어서는 세상 탓인지 벼슬을 멀리하며 유학자로서 제자들이나 가르치고 또 서법과 금석학에만 몰두했다. 하루는 세거지 산청 신안 집현산 자락에 살고 있는 이 할아버지를 단성현 고을 원이 소문을 듣고 예를 표하기 위해 찾아 왔다. 사는 집을 보고는 약간 탄식도 하고 돌아갔다. 그 탄식이 바로 조정에서 쓰일 인재가 초옥에 묻혀져 있으니 위에 있는 사람들이 오히려 부끄러워해야 할 일이란 말을 남기고 떠났다 한다.

(2015)

내 집안의 여러 내림 이야기

한 가문이 아니라 이를 더욱 좁혀 직계 집안을 보아도 그 집안의 내림 이야기를 찾아보면 어느 집안이건 그런 이야깃거리는 제법 있으리라 본다. 일반적으로 내림이라면 선천적인 것도 있을 것이고 또 후천적인 것도 있을 것이며 또 아니면 선천적인 요소에다 후천적 내지 환경적 요인인 것이 접합 내지 접목된 것도 있을 것이다. '가계수필'에서라면 꼭 한번 다루어 볼 만한 흥미있는 소재다.

아무튼 나는 평소의 생활에서 저런 것이 바로 우리 집안의 내림이구나 하고 생각해 왔던 것을 소개해 볼까 한다. 내림이란 말 그대로 최소 2대, 그 이상이면 내림이라 할 수 있기에 나는 그런 점을 생각해 보고 있다.

먼저 호기심도 충족시킬 겸 삐딱한 화제부터 꺼내보기로 한다. 윗대나 아랫대로 보아 노름쟁이, 바람쟁이, 오입쟁이, 허풍쟁이, 술쟁이, 깡패 기질의 싸움꾼, 자살자, 한량閑良이나 난봉꾼이 없어 천만다행이다. 어떤 집안은 이 중 그 어느 것이건 부자간에 또 아니면 할아버지와 손자 대에 걸쳐 있기도 해 그 아버지에 그 아들, 그 할아버지에 그 손자란 말을 들었고 또 듣고도 있다. 특히 바람쟁이나 오입쟁이다 보면 요샛말로 세컨드를 두고 있기 마련인데, 다행히도 저 윗대에서 아랫대까지 알아줄 만한 재산 많은 부자가 아니라서 그런지 제2호 부인을 둔 분이 없어 이렇다 할 가정 풍파나 집안 풍파가 없었지 않았나 싶다. 또 아니면 첫째 부인이 배태를 못하면, 자연 먹고 살만한 집이라면 자손을 얻기 위해 새 여자를 하나 갖다 앉힐 수 있는데 우리 집안의 경우는 그런 경우는 없다. 그리고 술꾼도 없다. 이야기를 들어보면 증조부는 물론 조부와 아버지도 술하고는 좀 거리가 멀었다. 삼촌들과 나의 동생도 그런 편이다. 단, 나는 명색이 문인이랍시고 더러 술자리에 어울리긴 했지만 단지 분위기파이지 결코 애주가는 아니다. 어디 내가 50년 하고 몇 년이 더되는 문단 생활에서 혹시 집안의 내림이라도 있어 노상 술을 퍼마셨다면 벌써 큰 탈이 났어도 났지 않았겠는가.

그렇지만 이와는 별도의 좀 삐딱한 이야기를 끄집어내 보면, 우리 집안에는 대대로 불뚝 성깔 또는 불칼 성질을 가진 사람이 있었고 또 있다. 증조부가 약간 그런 기미가 있었다

하며, 그 내림이 할아버지에게로 유전되어 간혹 손해를 보는 수가 더러 있었다 하는데, 삼촌 한 분이 역시 그렇다. 그러나 뒤끝은 없다는 소리를 들었다. 다행히 나는 유하고 정이 많은 편에 속하는 아버지 성질을 닮아서인지 뚝 하고 단칼에 작살을 내는 듯하는 그런 성깔은 없는 대신 약간은 강직한 면만은 있다 싶다.

그 다음, 외형상으로 보아 저 윗대는 물론 8촌까지를 보아도 대머리가 없어 다행이다. 가령 배우 이덕화와 그 아버지인 왕년의 악역 배우 이예춘을 떠올려 보며, 저게 바로 내림이구나 하고 생각한 적도 있는데, 저 윗대는 물론 나의 대까지 그 어느 가까운 친척들을 둘러보아도 대머리가 없구나 싶어 우스개로 우리 집안이라면 가발 장사는 꼭 굶어 죽기 십상이구나 하고 생각해 본 적은 있다.

그런데 이렇게 대머리가 없는 것은 천만다행이지만 대신 내가 들은 바로는 3, 4대 위 할아버지에서부터 나의 대까지 수염쟁이가 없어 한편으로는 좋지만 또 한편으로는 아쉽다 싶다. 아무리 찾아보아도 털보 할아버지, 털보 아저씨, 털보 형님이나 동생이 없다. 남성의 상징인 양 콧수염, 턱수염 또 거기에다 구레나룻을 멋지게 기르고 다니는 사람을 보면 은근슬쩍 부럽기도 하다.

러시아 황제 중에 표트르 1세라는 양반이 있었다. 당시로 봐 러시아 근대화를 위해 17세기 말에 그는 유럽을 시찰하고

온 적이 있다. 유럽의 귀족들이 하나같이 수염을 기르고 있지 않고 말끔한 얼굴이라 그것이 부러워 본인이야 말할 것도 없지만 가위를 가지고 직접 귀족 종신들의 수염을 자르고 또 법령까지 만들어 수염세를 국민들에게 강요한 적이 있다. 만약 나의 할아버지나 내가 그 시절에 그곳에 태어나 살았다고 가정해 보면 일부러 길러 볼 그럴싸한 수염 자원이 없으니 그 얼마나 자유롭겠는가. 또 바꾸어서 우리 집안 어른들이나 내가 조선시대 문신이 되었다면 참 볼품없는 수염으로 그 얼마나 자존심이 상했겠는가 싶기도 하다. 에헴 하고 쓰다듬어 만져볼 수염이 없는 격이 아닌가. 그러나 이제는 그런 수염 기르기 세상이 아니라서 참 다행이다.

그러나 이런 내림이 없는 대신 유전병 같은 것이 없다는 것은 그 얼마나 큰 홍복인가. 비만, 당뇨병, 풍병, 심장병, 간질병, 고혈압, 혈우병, 암, 정신병 등의 내림이 있다고 가정하면 그 얼마나 아찔한가. 직계 3대에 걸쳐 2명 이상이 이런 같은 병력을 가졌다면, 의사들은 가족병력이라 하며 잔뜩 겁을 주는 세상이다. 그 돈 많은 이병철의 범삼성가의 남자들은 이병철로부터 내림을 받아 아들, 손자가 폐질환을 앓고 있다는 보도를 본 적이 있는데, 우리 집안은 비록 돈은 없다 할지라도 그렇다고 마냥 안심이야 할 순 없지만 우선 그런 것이 없으니 자위할 수 있어 좋다.

또 머리 내림으로 보면 저 윗대 몇 분이 천재란 소리를 들어서인지 현재 집안 사람들의 머리 재주의 평균치는 중상 이상은 되는 것 같다. 그런데 의외로 상고나 공고 출신이 드물고, 자연과학이나 이과 또는 의예과 출신이 거의 없다. 대부분 문과 체질이다.

그리고 손세가 좀 약한 내림이 있어 아쉬움이다. 물론 2대나 3, 4대 독자로 내려온 집안이라든지 또 무자식이라서 형제나 4촌 아들을 양자로 들이는 경우에 비하면 그저 감사해야 할 일이지만 7대조 대부터 보면 외아들 아니면 형제 2, 3명 정도에 그치고 있으니 손세가 번창하질 못한 것이다.

어느 집안이건 2, 3대에 걸쳐 두세 명의 형제가 각각 3, 4명 정도의 형제만 두었다 해도 자손은 가히 기하급수적으로 불어날 일이 아닌가. 손세운이 있고 없고는 결국 집안운이라 싶다. 불어나기는커녕 집안 운에 따라 심지어 아예 절손되는 집도 더러 있다. 가령 명종 때 사람으로서 속칭 한국판 노스트라다무스라고 불려지기도 하는 예언가요, 지관地官으로 ≪격암유록≫의 저자로 잘 알려진 남사고南師高도 명당을 찾아 아버지 유골을 파들고 9번을 옮기고 10번 째 장사, 이른바 '구천십장九遷十葬'을 하긴 했지만, 결국 운이 닿지 않아 하나뿐인 아들이 후사 없이 요절하고 말아 절손이 된 일도 있다. 본인이 '비룡상천飛龍上天'형으로 보았던 그 자리가 어이없게도 무고장이 될 줄이야.

또 후사가 없어 양자 아니었다면 절손될 뻔한 집도 많다.

조각 정보라도 될 겸 몇 집안만 소개해 본다. 조선조의 대학자 겸 문신인 이언적은 관기와의 사이에서 아들이 하나 있긴 했으나 정실부인에서 자식이 없자 뒷날 사촌동생의 아들을 적통 양자로 삼았다. 추사 김정희도 큰아버지가 딸만 다섯을 두자 큰집 양자로 들어가 봉사손으로 대를 이어주었고, 고종 때 대원군이 물러나고 친정을 할 때 영의정을 지냈으며, 조선 말 열 손가락 안에 들었던 최고 갑부 이유원은 먼 친척 조카, 즉 부대통령을 지낸 바 있는 이시영의 둘째 형님 석영을 양자로 삼아 대를 이었다. 이만석지기의 큰 재산이 한일병탄 이후 독립운동 자금으로 쓰이기도 했는데 독립운동가인 우당 이회영(전 국정원장 이종찬의 조부)이 바로 친가 쪽의 친형제 아우이다. 또 매국노라는 이완용도 사실은 먼 친척에게 양자 간 몸이었다. 또 문화재 수집과 보호자로 잘 알려진 간송 전형필도 역시 후사가 없었던 조선 40대 갑부에 꼽히는 종숙부의 양자가 된 것이다.

끝으로 가풍家風의 견지에서 본 내림이라면 명리名利를, 권세를 그렇게 탐하지 않았으며 또 효孝 의식의 내림도 어딘가에 간헐적으로나마 나타나는 것 같다. 명리와 권세를 탐하지 않았으니 큰 부자도 또 높은 벼슬이나 높은 직의 관료 출신도 그리고 정치가도 없다. 효자로 보면 나의 13대조가 이름난 효자였고, 그 피내림인지 6대조 할아버지도 그랬고, 아버지도 그랬으며, 나도 조금은 그런 면이 있었지 않았나 싶고, 나의 큰아들 역시 그런 것 같다. 그리고 예부터 선비 집안이라 청렴과 검소를 생활신조로 삼아 왔기에 이는 우리 후손들의 생활습관에 알게 모르게 배여 있다.

지금까지 드러내 보인 이런 저런 여러 이야기로 보아, 어떻게 보면 우리 집안은 이렇다 하고 크게 내세울 정도의 자랑거리도 없는 것 같고, 반대로 지지리못난 집안은 물론 아니지 않겠는가는 싶다. 원래 좋은 내림이 되었건 그렇지 않건 내림은 인력으로 되는 일이 아니라 그저 개인운 아니면 집안운에 맡길 도리밖에 없다.

그렇지만 우리 모두 누구나 한번쯤은 자기 집안의 내림이 과연 무엇인지 깊이 생각해 볼 필요는 있으리라 본다. 때론 반면교사가 되어 반성이나 조심성 또는 경각심을 갖게 해 줄 수 있으리라 보며 또 역으로 좋은 내림들이 있다면 본보기로 자긍심과 분발력도 생겨나리라 본다.

(2015)

선대 할아버지의 좌우명을 찾아보며

좌우명과 가훈은 있으면 있을수록 좋다. 이는 내용이나 형식으로 보아 배다른 형제뻘이다. 좌우명이 극히 개인적이라면, 가훈은 여러 가족에게 통용될 수 있어야 하기에 좀더 포괄적이다. 가훈이 뜻 그대로 훈육적 요소나 내용이라면, 좌우명은 보다 실천 지향적이다. 이 둘은 그 내용이 그야말로 도토리 키 재기나 손의 안과 겉의 관계처럼 거의 대동소이하다. 생활의 신조, 지침이나 거울이 될 만한 금언이나 준 금언이 바로 그 주된 내용이다. 가훈이 늘 여러 자손들이 볼 수 있는 거실용이라면, 좌우명은 축자적 뜻 그대로 자기 방이나 책상에 앉아(座) 쉽게 볼 수 있는 자리(右)에 걸어두거나 붙여놓고 있기 마련이다.

이왕 가훈이란 말이 나온 김에 더 보충해 보면 어느 고등학교에서 가훈 전시회를 해보았는데 주로 애용된 문구가 나이 고하를 막론하고 지표로 삼을 만한 근면, 성실, 인내, 정도正道, 정직, 최선, 화목 등이었다 한다.

그리고 위인들이나 이름난 분들의 좌우명도 한번 생각해 보았다. 나폴레옹은 너무나 잘 알려져 있다시피 "내 사전에는 불가능이란 말은 없다"이지만, 미국 독립선언문 초안자 토마스 제퍼슨은 "오늘 할 일을 내일로 미루지 말라"이고, 에이브러햄 링컨은 "남의 심판을 받기 싫거든 먼저 남을 심판하지 말라"이다. 전쟁시 이순신은 "죽으려는 자는 살 것이요 살려고 하는 자는 죽을 것이다"였다. 또 우리의 대통령들을 한번 보면 이승만은 "뭉치면 살고 흩어지면 죽는다", 박정희는 "내 인생 조국과 민족을 위해", 김영삼은 "대도무문大道無門", 김대중은 "경천애인敬天愛人", 이명박은 "주어진 일에 최선을 다하라"이다.

나도 내 선대 할아버지의 경우를 생각해 보며 내친김에 좌우명은 물론이거니와 가훈도 무엇이 있었나 하고 찾아보았다. 여기저기를 뒤적여 보고, 이 자료 저 자료를 찾아보아도 가훈만은 도저히 만날 수 없었다. 추측해 보건대 아예 없었거나 또 아니면 명색이 학자 집인지라 설사 있었다 해도 당대나 아니면 한 2대쯤 내려오다 소실이나 소멸되었지 않았을까도 싶다. 그렇지만 용케도 아쉽지만 두 할아버지의 좌우명만은 찾을 수 있어 그나마 아예 없는 것보다야 낫다 싶어 다행으로 이 글을 시작해 본다.

공교롭게도 좌우명을 남긴 13대조 할아버지와 6대조 할아버지는 우리 집안 어른 중에 상대적으로 13대조 73세, 6대조 76세로 장수하신 편에 속할 뿐 아니라, 으뜸가는 유학자로 결코 벼슬을 탐하지 않고 많은 제자들이나 가르치며 유일遺逸로 평생을 마쳤다. 크게 보아 두 분 다 영남의 남명학파에 속하는데 13대조는 동강 김우옹과 한강 정구와 같이 남명에게서 배운 직접의 제자이며, 6대조는 남명의 덕천서원에 깊이 관여하여 예식도 봉행했다. 그리고 앞의 동강은 벼슬이 이조참판을, 한강은 대사헌을 지내 할아버지에 비해 상대적으로 이름이 드러나 있지만 아무튼 두 할아버지는 아예 벼슬길에 나가지 않아 오로지 서부 경남 지역사회에서만 이름이 드러나 그나마 많은 사람들부터 존경을 받았던 것은 사실이다.

그럼 두 분의 좌우명을 알아본다. 13대조 할아버지의 그것은 '일신日新'이다. 즉 '날로 새로워지다'이다. 그 출처는 '일신일일신 우일신日新 日日新 又日新'에서 따온 것이다. 그 뜻은 '날로 새롭게 하고, 날로 날로 새롭게 하고, 또 날로 새롭게 한다.'이다. 이 말은 원래 ≪서경書經≫에 나오고 후에 ≪대학大學≫에도 인용되어 있는 말이다. 이 글과 관련 있는 이야기는 중국 은나라 탕湯 임금이 하도 이 말이 마음에 들어 자기 목욕탕의 세숫대야에 새겨 놓고 매일 매일 세수하면서 자기 다짐과 반성을 했던 일종의 금언이었다.

할아버지가 유독 이 말이 좋아 평소 좌우명으로 삼고 있긴 했지만, 여러 사람들에게 공식적으로 내보이게 된 데에는 어떤 계기가 있었고 사연이 있다. 임진란이 일어나자 난을 피해 산청에서 밀리고 밀리어 함경도 함흥, 영평 땅에까지 밀리어 갔다. 거기서 사람들을 가르치며 한 3년 있다가 난이 평정되자 고향인 산청 청현으로 다시 돌아왔다. 그때 연세 60이 조금 넘었다. 그리고 산수 간에 몇 간 집을 지어 평소 좋아하던 '日新'이란 이 말에다 '堂'을 더해 당호로 삼아 편액하고 난리 전에 제자들을 가르치던 대로 다시 제자들을 가르치며 노년을 보냈다.

바로 이 좌우명 당호가 호도되었는데 그런 만큼 더욱 학문 강마를 할 때나 생활에서 구태舊態나 과거나 어제의 것에 매달리거나 안주하지 않고 늘 자기 변화나 자기 혁신을 하며 살았고, 사후에 이조참판으로 추증되기도 했다.

6대조 할아버지의 그것은 '수신신도修身信道', 즉 '자신을 닦고 도를 믿는다.'이다. 할아버지는 이것을 좌우명으로 할 만큼 첫째, 본인도 자기 '修身'을 하려고 열심히 노력하면서, 제자들에게도 먼저 자기 자신의 수양을 위한 학문이냐, 아니면 수양보다는 오로지 남에게 보이기 위한 학문이냐를 엄격히 구분하여야 한다는 점을 강조하면서, 어떻게 하는 것이 성현의 공부이고, 어떻게 하는 것이 속된 선비로서 글귀만 외우는 것인지를 깨우치도록 했다. '信道'를 위해서는 우선 '도'의 이치와 본질을 파악하려고 하늘과 사람의 본성과 천명天命의 근원을 파악하려 부단히 공부하고 연구하여 그것을 운용하는 방안도 모색했다.

그럼 이제는 이 기회에 덕분에 무료 승차처럼 나의 좌우명도 한번 끼워 넣어 보겠다. 이 글의 제목이 비록 선대의 좌우명이긴 하지만 세월이 한참 지나고 보면 어차피 나도 선대가 될 터이니 우스개이지만 예행연습이라도 해볼까 한다.

나의 경우는 '부끄러움 없이 살자'다. 내 나이 50대 중반쯤에 정한 것이다. 처음에는 '하는 일에 최선을 다하고 하늘의 뜻을 기다려라'(盡人事待天命)를 해볼까 생각도 해보았는데 너무 거창한 듯 싶고 객기가 느껴져 그만 두고, 그 다음 '자신을 이기는 자가 강한 자다'(自勝者强)를 할까도 했으나 포기하고 다른 것을 생각해 봤다. 평범하면서 포괄적이고 필요에 따라서는 여러 적용이 가능할 수 있는 보다 함축성 있는 그 무엇이 없나 하고 궁리하던 참에 문득 이 말이 떠올라 참 안성마춤이라 여겼다. 낙착을 보면서 동시에 이는 좌우명만이 아니라 가훈으로도 좋을 듯싶어 양수 겸장 용으로 정한 것이다. 설사 가치 기준이나 윤리 의식 그리고 도덕적 규범이나 생활 덕목이 시대에 따라 변화가 온다 하더라도, 그 시대는 그 시대 나름으로 부끄러움 없이 살면 되리라는 생각에서였다.

끝으로 이 글을 마치면서 좌우명을 남기신 두 할아버지께 새까맣고 새까만 후대 손자로서 문안 인사나 올려 볼까 한다. 먼저 "할아버지들이 남기신 두 좌우명 중 그 어느 것 하나라도 세습하여 저의 좌우명으로 하지 못한 점 널리 이해 바랍니다. 저 세상에서도 '일신 일일신'이나 '수신신도'를 하고 계신지 궁금합니다. 단, 이 세상에 살고 있는 저나 저의 아들들이 제가 정해 놓은 좌우명 겸 가훈을 그대로 본받아 정말 부끄러움 없는 후손이 되도록 노력은 하고 있습니다. 굽어 살펴 주세요, 할아버지, 할아버지, 우리 할아버지!!"

(2015)

가족의 소중함을 생각해 보며

'가정의 달'을 기해 가족의 소중함을 다시 한 번 생각해 보았다.

사람들은 대개 가족이 옆에 있고 가정이 있다 보면 그 소중함이나 중요성을 잊기 쉽다. 마치 공짜와 다름없는 물과 공기의 가치성을 잊어버리고 사는 경우와 비슷하다고나 할까. 그러나 물이 없고 공기가 없다고 상상해 보자. 가족과 가정은 인간생활의 안전판이요, 보호망이다. 만약 어느 누가 결손가정에서 자라거나 아니면 가정이 없다고 가정해 보자. 그 얼마나 가정이 그립고 남들처럼 당연히 있어야 할 아버지나 어머니가 없다면 또 얼마나 그립겠는가.

여기서 공자의 경우를 한번 생각해 보자. 어머니 안씨는 열다섯 살 처녀 나이로 70세가 넘은 아버지 공숙양흘과 극히 비

정상적인 관계의 결혼을 했고 또 세 살 때 아버지를 잃고 말았다. 18세에 과부가 된 어머니를 공자가 24세 때 여의었던 것은 그나마 다행이었다. 그러고 보면 공자는 성장과정에서 어머니 사랑은 받았겠지만 아버지 사랑만은 받지 못한 처지였다. 아버지의 얼굴을 기억도 못할 나이에 돌아가셨으니 얼마나 아버지를 그리워했겠는가. 다른 아이들은 아버지, 아버지라고 부르며 아버지를 따르고 아버지의 귀여움을 받는데 아버지가 없었으니 한이 맺혔을 것이다.

그래서 어떤 연구가는 공자가 후년에 유교의 가르침에서 부권사상을 그렇게 강조한 것도 결국은 알고 보면 그가 받지 못했던 아버지의 사랑이 그립고 또 한이 맺혔기 때문이라 해석하기도 했다.

또 하나의 예가 있다. 세계인의 애창곡으로 널리 불려지고 있는 〈Home, Sweet Home〉, 우리말로 '즐거운 나의 집'으로 알려진 노래에 얽힌 이야기이다. 이 곡은 영국의 유명한 작곡가 헨리 비숍이 1823년에 작곡을 했는데 후에 미국의 극작가이며 기자, 문인으로 활동했던 존 하워드 페인이 노랫말을 붙인 내력이 있다.

즐거운 곳에서는 날 오라 하여도
내 쉴 곳은 작은 집, 내 집뿐이리
내 나라, 내 기쁨, 길이 쉴 곳도

꽃 피고 새 우는 집, 내 집뿐이리

사실 이런 내용의 가사를 붙인 작사가 페인은 가정을 한 번도 가져본 적 없는 사람이다. 그래서 생전에 한 번도 누려보지 못한 가족 사랑이나 가정에 대한 원망願望의 꿈을 이 노래에 담아 대리만족이나 대리충족의 꿈을 꾸어 보았던 것이다. 그의 처지가 충분히 이해가 되고 남음이 있어 동정이 간다고나 할까.

그뿐만 아니라 이 노래에는 또 다른 에피소드가 하나가 더 있다. 미국의 남북전쟁 당시 가장 치열했던 전투 중의 하나인 버지니아의 레파하녹크 리버 전투에서 있었던 일이다. 이 전투에서 양쪽 진영은 강 하나를 사이에 두고 대치하고 있었다. 낮에는 전투를 하고 밤이 되면 군인들의 사기를 북돋우기 위해 양쪽의 군악대는 매일 밤 음악회를 열었는데 어느 날 밤, 이변이 일어난 것이다. 북군의 군악대가 〈즐거운 나의 집〉을 연주하기 시작하자 울컥 가족이나 고향 생각이 난 군인들이 텐트 밖으로 뛰어나와 노래를 따라 부르기 시작했다. 강 건너편에 있던 남부군 진영에도 울려 퍼졌다. 남부군 군악대도 덩달아서 이 음악을 연주하자 남부군도 다 함께 합창했다. 그리고 그들은 상대방이 적이라는 것도 잊어버리고 강으로 뛰어나와서 서로 얼싸안고 모자를 던져 올리며 환호했다는 에피소드가 전해지고 있다.

말하자면 이런 예화는 동서고금을 막론하고 가족이나 가정이 얼마나 소중하며 또 그리움의 대상이 되는지를 새삼 확인할 수 있는 경우라 하겠다.

가족이란 성性과 혈연의 공동체요, 주거의 공동체며, 가계家計의 공동체요, 애정의 공동체가 아닌가.

그런데 요즘 우리의 가정이 흔들리고 있다는 소리가 높아지고 있다. 하우스House는 있되, 홈Home은 없어져 가고 있다는 우려의 소리도 들려오고 있다.

뭐니뭐니 해도 애정의 결합에서 금이 가고 있다는 증거이다. 이혼율이 높아만 가고 있는 부부관계도 그렇고, 또 부모와 자식관계나 형제간에 그렇다는 이야기다. 이는 핵가족화, 개인주의나 이기주의의 팽배, 물질주의와 편의주의의 만연에 따른 현상임은 두말할 여지가 없다.

가족의 소중함이란 누구나 개개인이 건강하고, 도모하는 일들이 잘되어 갈 때는 절실하지 않을 수도 있다. 그러나 불행한 일을 당하거나 아플 때에는 가족 이외에는 그 누구도 없다. 가령 영화나 연극속에서 자주 보아왔듯이 어떤 가장家長이 버려두었던 가족이나 가정을 늙고 병들어서 찾아오는 최후의 보루가 바로 가족이요, 가정이 아니었던가. 본능적 사랑으로 무조건적으로 보호해주고, 감싸주며, 이해해주는 사회의 기본구성체가 다름 아닌 가족이요, 가정이다. 타인과의 관계란 일시적 거래나 이해관계에서 끝나기 마련이다. 아무리 친구가 좋고, 아무리 남이 좋다 한들 가족만은 하겠는가.

그렇다면 평소 가족관리나 가정관리를 잘해 두어야 할 일이다.

바쁜 현대생활이 되었건, 또 맞벌이 생활이 되었건 의식적으로 가족모임이나 가족회의도 갖고 볼 일이다. 또 상대의 처지나 입장을 보다 더 이해하고 민주적 가정으로 이끌기 위해서는 서로의 처지나 입장을 바꾸어 생각해 본다는 이른바 역지사지易地思之의 미덕도 발휘해 보아야 하리라 본다. 또 지나친 욕심이나 기대가 가족간의 불화를 자초할 때가 많다는 점도 타산지석으로 삼고도 볼 일이다.

내 가정의 경우를 잠시 말해 보면, 적어도 이런 점만은 철저히 지키고 이행해 보려고 노력해 왔고 지금도 하고 있다. 한 때는 할머니와 어머니를 모시고 4대가 한집에서 생활한 적도 있었으며, 지금은 2대가 살고 있다. 그나마 오순도순 화평스럽게 살아왔고 살고 있다. 15년 전 할머니가 살아계실 때엔 고모님들이 찾아오면 한바탕 농담의 즐거움도 있었다. 할머니를 대왕대비마마로, 어머니를 왕대비마마로 불렀으니 나는 일시에 상감(?)이 되고 아내는 중전이 되었던 즐거웠던 기억이 새롭다.

어머니는 청상이다 싶은 나이에 할머니와 함께 삼촌들과 우리 4남매를 키우고 공부시켰다. 그런 지난 시절을 문득문득 역지사지로 떠올리며 나와 나의 아내는 잘해드려야겠다고 노력도 해보았다.

그러면서 나는 늘 '가화만사성家和萬事成'이란 옛말을 되새김해 보았다.

(2003)

내 삶의 오랜 보금자리, 대치동 이야기

어느덧 대치동에 와서 삶의 둥지를 튼 지 만 30년이 되었다. 이문동에서 1985년도에 이곳으로 옮겨 왔는데 그러고 보면 이문동이 서울 입성의 제1정착지였다면, 이곳은 제2정착지가 되어 있다. 아이들 교육 때문이었다.

이렇게 길다면 긴 30년 세월을 살다 보니 준 터줏대감이 되어 있는 듯싶다. 그래서 주위에서 간혹 새로 이사온 사람을 만나 통성명을 할 일이 생기면 이 동리의 모든 것을 다 알고 있는 듯 가히 터줏대감 행세를 한다. 처음부터 이곳에 살아온 토착민을 제외하면 거의 제1세대 입주민이라고 제법 자랑 삼아 조아려 보기도 했고 하고 있다. 그러다 보니 세월도 세월인 만큼 대치동을 거울알 들여다보듯 훤히 알게도 되었다.

제일 먼저 알게 된 것이 동명의 유래였다. 원래 대치동은 조선말까지는 경기도 광주군 언주면 관할에 있었다. 당시도 지금처럼 대치동이라 불렀는데, 일제 때에 대치리가 되었다가 그 후 강남 개발과 함께 다시 대치동으로 재탄생한다. 지난 옛시절, 이 대치동 지역에는 8개의 자연마을이 있었다. 음달짝, 움말, 중간말, 아랫말, 새말, 능안말, 세촌 그리고 한티마을이다. 이 한티마을은 그곳에 큰 고갯길이 있어서 그렇게 불려졌는데, 바로 이 지역의 자연 특징을 따서 그 마을 이름이 유래된 것이다. 이 한티는 지역에 따라 대티, 한치라고도 하는데 이를 한자로 옮기고 보니 큰고개 동리 즉 대치동大峙洞이 된 것이다.

그 다음으로 알게 된 것은 쪽박산에 얽힌 구전 설화다. 강남이 개발되기 이전에 지금의 은마아파트 자리에 야트막한 쪽박 모양의 이 야산이 있었다. 나는 이 산의 실체를 보지는 못했지만 구전의 설화에 의하면 옛날부터 이 산이 없어져야 그 주변 마을이 부촌이 되고 부자도 나온다 했다. 그럴 만한 이유가 있었다 싶다. 사실 은마아파트가 들어선 자리는 물론, 그 주변 지역도 저지대다. 저지대이다 보니 갈대만 무성해 농사를 제대로 지을 수 없었을 뿐만 아니라 탄천과 양재천이 흘러 들어오다 보니 비가 조금 많이 왔다 하면 농토가 물에 잠기기 십상이라 가난하게 살 수밖에 없었다. 그러다 보니 마을을 답답하게 가로막고 있는 그 산이라도 없으면 얼마나 좋을까 하는 소망이 결국 전설 같은 설화가 되었을 것이다.

아닌 게 아니라 세월이 흐르다 보니 그 설화가 실제로 현실화 되었다. 1970년대의 강남개발로 드디어 쪽박산이 까뭉게지고 대단위 아파트단지로 바뀌자 척박한 그 주변의 땅값이 하루아침에 가히 금싸라기로 변했으니, 제법 큰부자가 많이 태어났으리라 본다. 말하자면 쪽박이 대박이 난 것이다. 4천 세대가 훨씬 넘는 대단지 은마아파트가 위용을 뽐내게도 되어 대치동의 노른자위로 대표적인 주거지의 랜드마크가 되었고, 이에 덩달아 주변에 고층건물이 들어섬과 동시에 아파트 단지가 속속 생겨나자 자연 부촌이 형성되었다. 한마디로 전설이 사실화 됨과 동시에 그 사실은 또 하나의 이 시대의 부동산 전설이 된 것이다.

그 다음 또 하나 알게 된 사실은 이사 오고 한참 세월이 지난 후의 일이다. 어느 날 나의 집에서 은마아파트 근처에 볼일이 있어 골목길을 걸어 내려가다가 우연히 길가에 있는 은행나무를 발견했는데, 보호수로 지정되어 보호받고 있다는 사실을 알게 되었다. 현재 지하철 3호선을 기준해 보면 은마아파트 단지 뒤편 블록인 빌라 밀집지역인 주택가 골목 한쪽 공터에 서 있다. 수령이 500년이 넘는다. 전해 오는 말에 의하면 그 옛날 이 마을의 한 할머니가 양평 용문산 용문사에 불공을 드리러 갔다가 돌아오는 길에 지팡이 삼아 그곳 용문산 은행나무 큰 가지를 하나 꺾어 가지고 와서 현재의 자리에 꽂아 두었다 한다. 그것이 살아나 현재의 나무가 되었다는 설화다. 마을을 수

호해 주는 신목神木 내지 수호목이라 여기고 동신제도 지냈다 한다. 미루어 상상해 보건대 지난날 특히 여름에는 시원한 그늘을 제공해 주어 정자나무로서 꽤 사랑도 받았을 듯싶다. 상상해 보라. 라디오도 TV도 없던 지난 시절, 인근의 마을 사람들이 여름날 오후쯤에 한 사람, 두 사람이 모여 들면 자연 입이 간질, 귀가 간질하여 얻어들은 이야기나 마을에서 생긴 일 그리고 세상 돌아가는 이야기로 가히 이야기꽃을 피워 흡사 야외 공개방송 같은 자리가 되지 않았겠는가.

그런데 이런 스토리가 있고, 있었던 이곳 대치동에 들어와 산 지가 앞에서 말했듯 어언 30년이다. 그간 이곳에서 그렇게 좋은 일도 그렇다고 그렇게 나쁜 일도 없었으니 그 얼마나 다행한 일인가. 이사 운이 나빠, 살면서 운세가 맞지 않아 본인이나 가족이 건강을 잃거나 또는 생각지도 못한 횡액이나 재변을 당하는 경우를 더러 듣고 보기도 했기에 과욕을 부리지 않는 한 무해무득도 괜찮은 차선의 축복이 아니겠는가. 또 한편 교수로서 별 탈 없이 정년을 맞이했고, 문필과 문단 활동도 과부족 없이 했다 싶어 자위도 된다. 지금 나는 앞으로 특별한 변수나 변고가 생기지 않는 한 끝까지 이곳에 살려고 마음먹고 있다.

현재 내가 살고 있는 곳은 빌라형 아파트다. 삼성동 현대백화점 건너편, 휘문고교 뒤 담벼락에서 얼마 떨어져 있지 않다. 욕심을 내려면 한이 없겠지만 우선 지하철 이용이건 백화점 이용이건 생활반경으로 보아 아주 편리하고 부족함이 없다. 그리고 걸어서 20분 정도 거리인 은마아파트는 영동대로를 따라 나서보는 아침산책 코스로는 적격이다. 또 간혹 아내가 은마아파트 단지 바로 뒷쪽에 있는 대치마트에 걸어서 갈 때면 역시 운동 겸 구경 겸 따라나서도 보는데 그럴 때, 보호수로 명물 대접을 받고 있는 그 은행나무는 간혹 오갈 때 중간의 좋은 쉼터도 된다.

어디 이런 것뿐이랴. 간혹 강북사람이나 다른 지방 사람들을 만나 사는 곳 이야기가 어쩌다 나오다 보면, 비록 내 집이 여봐라, 하고 큰소리 칠 수 있는 돈뭉치의 값은 아닐지라도 대치동이란 유명세 덕에 은연중 부러워하는 것을 보면 기분도 좋았다. 원래 욕심이란 한이 없는 법이다. 그렇다면 이럴 때 뭐니뭐니해도 가장 현명한 지혜가 바로 '남의 떡이 더 커 보인다.'고 생각할 게 아니라 요는 자기만족에 있는 것이 아니겠는가.

아니 또 있다. 이곳에 살면서 지난날 교수로서, 문사로서 오로지 내 일만 한 것도 아니다. 지역사회를 위한 문화개발의 봉사 차원에서 문인협회를 만들어 본다고 뛰어도 보았고 또 문화원을 창설하는 데도 발기인으로 일조도 해보았다.

이렇게 이래저래 대치동은 적어도 나에겐 좀 풍을 떨어 보면 가나안 복지의 땅이요, 내 집은 더없는 삶의 안식처요 보금자리며, 이 대치동이 속해 있는 강남구는 내 자존심의 시험

무대였다. 그래서 마지막으로 〈대니 보이〉란 아일랜드 민요를 우리가 〈아 목동아〉로 바꾸어 불렀던 그 노래 가사의 마지막 소절을 따와 다시 나의 버전으로 바꾸어 흥얼거려 보려 한다. '나 항상 오래 여기 살리라/ 아 대치동아~대치동아/ 내 사랑아'

(2015)

문단 데뷔에 얽힌 여러 이야기들

내가 평론으로 문단에 데뷔한 것은 1961년도다. 당시 우리 같은 문학청년들이 문단에 데뷔할 수 있는 길은 거의 두 가지 길밖에 없었다. 신문의 신춘문예를 통한 당선과 문예지를 통한 추천의 길이었다. 신춘문예의 당선은 화려하고 하늘의 별 따기이긴 하지만 발표 지면에 대한 보장이 없는 대신, 문예지는 지면 보장은 물론 1회 추천이라도 받아놓으면 계속 노력하여 이른바 추천완료를 따낼 수 있는 유리점이 있었다.

나는 군 복무를 마친 대학 복학생 신분이라 젊은 객기로 신춘문예를 생각해 보기도 했지만, 설사 당선이 된다 하더라도 지방 출신이라 자칫 영원한 고아나 미아가 될 것도 같아 ≪현대문학≫지에 추천을 받기로 작정했다. 운이 따랐는지 1961년 8월 호에 1회 추천을 받았고 곧이어 3개월 후인 11월 호에 추천 완료가 되어 23세의 대학생 평론가가 되었다. 특히 지방에서는 평론가 데뷔가 정말 귀한 시절이다 보니 사람들은 나에게 듣기 좋은 별의별 소리도 해주었다. 출신고(진주고)로 보면 제1호요, 대학(부산대)으로 보면 단명에 떠난 고석규 다음의 제2호이고, 출생지(경남 산청)와 성장지(경남 하동)로는 제1호라는 등의 격려와 칭찬이었다. 어쩌면 알게 모르게 그런 아편끼의 감염이 말하자면 50년이 넘는 세월 동안 펜을 놓지 않겠끔 한 무언의 힘인지도 모르겠다.

아무튼 이런 추천제는 1939년에 창간된 ≪문장≫지가 처음 도입했는데, 소설 부문에 이태준, 시 부문에 정지용이 추천의 선자였다. 이 제도는 해방 후의 ≪문예≫, 6·25 이후의 ≪현대문학≫, ≪문학예술≫, ≪자유문학≫으로 이어졌는데, 시 3회, 소설, 희곡, 평론 각각 2회로 추천완료가 되었다. 이 추천제도가 그마나 권위를 자랑하고 당당히 인정을 받은 시기는 이 제도 도입 이후부터 1970년대까지다. 이제는 이 제도가 거의 없어졌다. 우후죽순처럼 나온 잡지가 쉽게 신인들을 끌어들이기 위해 추천제 아닌 1회 당선으로 바꾸었다.

그래서 다음은 신춘문예에 얽힌 이야기를 집중적으로 해본다. 이 제도의 첫 도입은 1925년 동아일보에서부터다. 그 뒤 각 신문마다 경쟁이라도 하듯 도입했는데 6·25로 잠시 쉬고 다시 시작하여 오늘에 이르고 있다. 이의 당선은 문학청년이라면 누구나 한번쯤은 탐을 내볼 수 있는 신년 연중 행사이기에 그 경쟁은 말 그대로 하늘의 별 따기요, 낙타 바늘구멍 들어가기다. 그래서 혹시나 하고 행운을 잡아보려는 수많은 중독증 환자도 생겨난다. 5, 6년 동안 계속 낙방하는 것도 예사다. 1970년대 작가로 입신한 조해일, 김주영, 황석영도 사실은 1960년대 신춘문예의 단골 낙방생이었다. 이중 조해일은 1962년부터 응모하기 시작해 8차례나 낙방한 경험이 있다. 그러다가 1970년에 비로소 운이 와 중앙일보에 〈매일 죽는 사람〉이 당선되어 결국 소기의 목적이 달성된다.

심지어 43차례나 고배를 마신 기록자도 있다. 그가 바로 뒤에 신춘이 아닌 문학지로 데뷔한 작가 심상대다. 17세인 고교 2학년 때부터 30세까지 무려 13년 동안이나 소설 응모를 했지만 번번이 낙방이었다. 그 과정에서 꼭 한 번 ≪동아일보≫ 최종심에 오른 것이 고작이었다. 매년 적게는 2편, 많게는 7편씩 1989년까지 무려 43편을 각 신문에 마치 융단 폭격을 하듯 응모한 이력을 가지고 있다.

한때는 좌절감에 자살을 할까 하는 마음도 가졌다고 한다. 그러다가 주변의 권유도 있고 해서 마음을 바꾸어 1990년에 ≪세계의 문학≫지에 소설 3편을 응모하여 당선이 된다. 어쩌면 등단에 얽힌 이야기로서는 전무후무하다고나 할까.

그런데 당선이 이렇게나 어려운데 천우신조 같은 행운이 따라 당선된 예도 있고 또 당선 다관왕도 태어난다. 그런가 하면 10대의 청소년이 당선되거나 가작 입선한 예외적인 사건도 있다.

행운의 당선자라면 응모 다섯 번 만에 당선되어 뒤에 작단의 인기작가가 된 박범신이다. 1973년 《중앙일보》에 그의 소설 〈여름의 잔해〉가 당선되었는데, 한때 그 작품을 두고 농으로 '쓰레기통에서 건진 당선작'이라 부르곤 했다. 거기엔 우연과 행운이 따른 기막힌 사연이 있다. 지난날 원고지 시대에는 작품의 맨 앞 다섯 장 이내에서 예심 통과냐 탈락이냐가 거의 결정 났다. 마감 후 제한된 기간 내에 일차로 예심을 마치고 본심에 넘겨야 하기 때문에 산더미처럼 쌓여져 있는 응모작을 두고 꼼꼼히 읽고 완독할 시간이 없다 보니 부득불 첫인상에서 판가름을 냈다.

사실은 이 작품도 예심에서 탈락되어 쓰레기통 신세였다. 당시 문학담당 기자였던 정규웅도 예심에 참여했는데 다른 예심위원이 탈락시켰지만, 행여나 하고 주워내 읽어 보니 충분히 본심에 올라갈 만한 것이라 본심에 끼워넣었다. 당선은 물론 아이러니컬하게도 그 해 신춘 당선 소설 중에 매우 우수하단 평까지 들었으니 우연의 행운치고는 손꼽을 만한 일이 아닌가 싶다.

또 남들은 모두 추풍낙엽인데 유독 당선의 기회를 많이 거머쥔 응모자도 있다. 5관왕 이근배와 4관왕 문형렬이다. 이근배는 일차로 시조부문에서 1961년도에 3관왕이 된다. 《서울신문》, 《경향신문》, 《한국일보》 당선이다. 그 이듬해인 1962년도에 또 《조선일보》에 시조가 당선되고, 그 다음

1964년도에는 약간 장르를 바꾸어 다시 ≪조선일보≫에 시가 당선되어 결과적으로 전체 5관왕이 된 것이다. 이에는 칭찬도 있었지만 한편에선 독식하고 있다는 소리도 들었다.

문형렬은 1975년도에 ≪매일신문≫에 동화가 당선된 이후, 1982년도에는 ≪조선일보≫에 시가, ≪매일신문≫에는 소설이 각각 당선되었고, 그 다음 1984년도에는 ≪조선일보≫에 다시 소설이 당선되어 전체 4관왕이 된다.

그리고 성인들과 겨루어 의외로 10대 당선자가 나온 경우가 더러 있어 세상을 놀라게도 했다. 저 멀리로부터는 1938년 ≪동아일보≫에 소설 〈실락원〉으로 당선된 곽하신이 있는데, 그때 나이 18세였다. 1958년도에는 후에 〈기다리는 마음〉의 작사자가 된 김민부가 ≪한국일보≫에 시조로 당선 되었는데, 부산고 3학년이었다. 1959년도에는 ≪한국일보≫에서 주문돈이 시로 또 같은 해 ≪조선일보≫에서 김재원이 시로 각각 당선되었는데, 둘 다 10대였다. 공교롭게도 두 지면이 10대의 시 당선이라 성인 응모자들은 모두 자존심이 무척 상했으리라 본다.

이런 10대의 당선에 비해 10대의 가작 입선은 큰 화제는 아니겠지만 그래도 10대가 성인들을 제치고 가작에 들었다는 사실 하나만이라도 충분한 이야깃거리는 된다. ≪동아일보≫ 신춘문예 모집 첫 해인 1925년에 윤석중이 동화부문에 14세 나이로 가작 입선을 했고 또 같은 해 ≪매일신보≫에 최인욱이 소설로 18세 나이로 입선했다. 1958년도에는 ≪동아일보≫에 천승세의 소설과 박경용의 시조가 각각 입선되었다. 1963년도에는 ≪한국일보≫의 소설에 최인호가 입선되었는데, 고 3학년이었다.

이런 사실들을 두고 볼 때 문학이란 꼭 나이나 학력과는 큰 연관이 없다는 사실을 확인할 수도 있다. 박사라고 해서 또 교수라고 해서 또 아니면 일류 대학 출신이라고 해서 일류 문인이 되는 것은 아니다. 천부적인 재능과 감수성 그리고 개인적 노력 여부에 달려 있다.

문득 소설 ≪슬픔이여 안녕≫을 쓴 프랑스의 프랑수와즈 사강과 역시 프랑스의 귀재 시인 아르튀르 랭보가 떠오른다.

그러나 좀 예외적인 장르가 있다면 평론이다. 그렇지만 딱딱한 강단비평이라면 몰라도 창의력이 있는 창조비평은 꼭 높은 학력이나 공부만을 요하는 것이 아니라 창조적 에스프리만 있으면 족하기에, 다른 장르에 비해 좀 늦을 순 있지만 일찍 데뷔할 수도 있다. 그리고 참고로 국내외 비평사에 오래 남아 있는 글은 역시 창조비평이지 강단비평이 아니다. 강단비평은 창조비평에 비하면 속성상 2급 비평이라 생동감이나 생명력이 약하다.

이 외에도 신춘문예 등단과 관련된 이야기라면, 심사위원 간의 최종적인 의견 엇갈림도 있다. 보는 관점이나 취향에 따라 대립될 수도 있다. 그 어느 쪽이 양보하지 않는 이상, 가장 쉬운 해결책은 공동수상으로의 낙착이다. 1979년 ≪동아일보≫ 중편소설 부문의 이문열과 이순, 평론 부문의 정과리와 장석주, 1981년 ≪한국일보≫ 소설 부문의 황충상과 이건숙, 1995년 ≪동아일보≫ 역시 중편 부문의 은희경과 전경린이 바로 그런 경우다.

신춘문예의 당선이건 또 문학지의 추천이나 당선이건 이것들은 우리나라에만 있는 문단 등단 제도이다. 외국에서는 책임 있는 출판사에서 선별 후 책이 나오면 그것이 곧 등단이다. 우리나라에서는 이런 제도의 도입이나 안착이 없다 보니 지난날 문학 지망생들은 자연 너도 나도 신춘 아니면 추천으로 몰려들었다.

그러나 신춘문예 응모에서는 개중에 옥석 구분이 잘 안 되거나 시간이 없어 특히 예심 과정에서는 물론 본심 과정에서도 심사위원의 취향에 맞지 않아 억울하게 탈락하는 사례가 종종 있을 수도 있다.

그래서 행여 이런 작품이 있다면 구제해 보기 위해 71년도에 월간 ≪세대≫지가 신춘문예 선외작품 공모도 했다. 일종의 패자 부활전이다. 이때 조선작은 이미 수차례 낙방해 본 경험이 있는지라 낙방작 〈志士塚〉을 다시 내어 당선의 한풀이는 했고, 이것이 계기가 되어 ≪영자의 전성시대≫를 내어 한때나마 이름을 드러내기도 했다.

나는 지금 신춘문예가 되었건 추천이 되었건 문단에 나와 활동하다 그동안 명멸해 간 수많은 문인들을 한번 생각해 본다. 그중 빤짝하다 사라진 사람, 중도 포기하고 만 사람, 일찍 저 세상으로 가버린 사람들을 별도로 떠올려 본다. 그나마 나는 이렇게라도 50년 이상 펜대를 놓지 않고 있다는 것만도 큰 다행이 아닌가 싶다.

(2015)

별명으로 본 재미있는 문단 이야기

별명이란 말 그대로 본이름 외에 그 사람의 성격이나 성품, 기질, 용모나 외양, 습관이나 버릇, 취향이나 취미, 기타의 특징을 따서 남이 부르는 이름이다. 거기엔 상대적으로 다른 사람과 좀 차별화 될 수 있는 특징적 요소가 있어 그 사람을 알 수 있는 가장 직접적인 정보가 있다. 설사 만난 적도 없다 할지라도 일단 별명을 듣거나 알고 보면 그 사람에 관한 그 무엇이 쉽게 상상된다. 그래서 재미가 있다.

그런 비근한 성경의 예가 바로 12제자를 거느린 예수가 제자에게 별명을 붙여준 경우다. 원래 베드로의 본명은 시몬이다. 그는 당시 공용어로 쓰인 아람어(고대 시리아 지방 언어)로 시몬에게 '바위'라는 뜻의 '게바'라는 별명을 주었다. 이 '게바'가 곧 헬라어(그리스어)로 '베드로'인 것이다. 또 야고보와

요한 두 형제에게는 성격이 좀 과격할 정도로 괄괄하기에 '우뢰의 아들'이란 뜻인 '보아너게'란 별명을 주기도 했다.

사실 우리나라 이름을 보며는 별명과는 차이가 있어 그 사람에 관한 현재의 이렇다 할 직접의 정보를 거의 캐낼 수가 없다. 기껏 '甲', '元', '始'자가 들어 있으면 첫째이고, '外'자가 들어 있으면 외가에서 태어났고, '點'자가 있으면 몸에 점이 있고, '末'가 들었으면 막내 아니면 막내이길 바랐다는 정도이다. 또 아니면 어느 띠, 어떤 태몽으로 태어났다는 정보도 있긴 하다. 물론 이름에는 작명시 어떤 바람사항이 대부분 들어 있기 마련인데, 이는 오로지 '바람'일뿐 현재의 '사실'과는 거리가 먼 경우가 대부분이다

이에 반해 별명은 어떤 특징적 사실을 알 수 있기에 무척 흥미롭다. 대체로 이런 별명의 속성은 사람들을 웃겨주기도 하고 또 그 상대를 골려도 주는 장난기에서 나왔는데 어떤 별명은 평생을 따라다니거나 아니면 어떤 별명은 어떤 변화가 생겨 한시적으로 끝난 경우도 많다.

아무튼 문단인들의 별명을 찾아본다는 일은 우선 재미있고 흥미로워 파한의 읽을거리로는 적격이다. 우선 먼저 널리 알려진 별명부터 노크해 본다. 아호가 '空超'인 오상순 시인은 지난날 명동의 청동다방에서 하도 골초처럼 담배를 꺼내 피워 댔기에 아호를 빗대면서 골초도 연상되는 '꽁초'를 별명으로 불러 주었고, 양주동 박사는 자칭 '천재'였고, 소설가 이봉구는

늘 오후만 되면 명동 은성다방으로 나와 진을 치고 살았기에 '명동백작'이었다. 그러나 그 외에는 친소 관계의 문인들 사이에서만 불려져 일반인들은 잘 모르는 별명이 대부분이다. 이제는 그쪽 문을 노크해 보며 작고 문인들부터 먼저 알아본다.

먼저 시 쪽으로 가보면 정지용은 '닷또상'이다. '닷또'란 당시 일본 소형차 이름에서 빌려왔는데 이 시인의 체구가 작고 아담하여 붙여진 별명이다. 박인환은 '명동 신사'다. 마치 댄디 보이처럼 최대로 멋을 내고 다녔기에 붙여진 것인데 특히 전후의 명동 거리를 두 절친한 친구 '명동 백작' 이봉구와 '명동 신사'인 그가 한잔의 술을 걸치고 "목마를 타고 떠난 숙녀의 옷자락"이라도 잡아볼 듯 거닐기라도 했던 모습이 쉬이 상상 된다. 천상병은 노상 사람을 만나기만 하면 '천원만' 하고 손을 낼름 내밀기에 '천원만'이었다. 박용래는 순정파 시인으로서 열 살 터울의 바로 손위 누님이 중2년 때에 시집가서 채 일 년도 안 돼 산후 출혈로 죽었다. 그래서 술만 조금 들어가면 그 불쌍한 누님이 생각나 노상 울었기에 '눈물의 시인' '울보 시인'이 되었다. 박재삼은 포커판에서는 전혀 속을 알 수 없는 게임을 하기에 '독일 병정'이고, 바둑판에서는 '박국수'였다. '國手'란 호칭은 그가 바둑을 국수 급으로 잘 두어서라기보다는 신문에 바둑 패왕전 관전 기사를 쓰기에 애교로 등급을 올려준 별명이었다.

소설가 쪽으로 가 본다. 김정한은 경상도 말로 '대꼬챙이' '대작댕이'였다. 무슨 말을 하거나 듣고는 좀 성질을 깔면서 간

접화법이나 어떤 수사를 쓰지 않고 즉석에서 바른말을 잘 하기에 나온 별명이다. 월북한 소설가요 평론가인 김남천은 미남으로 생겼기에 '조선의 발렌티노'였다. 루돌프 발렌티노는 1920년대에 헐리우드의 전설적 미남 배우였다. 손소희의 별명은 '또순이' '고양이엄마'였다. 함경도 출신으로 외지인 이곳 이남에서 열심히 살며 강인한 생활력을 보이며 탄탄한 생활 기반을 쌓아온 것을 보고 붙인 별명이 '또순이'라면, '고양이엄마'는 자칭이다. 이는 지난날 신당동 시절의 이야기이다. 직접 길러본 아들딸이 없다 보니 고양이라도 몇 마리 키우며 모정을 쏟았는데, 거실에 손님이 와 있을 때 손님 자리로 겁도 없이 기어서 다니다 보니 이해도 구할 겸 곧잘 자기를 '고양이 엄마'라고 부른 데서 연유되었다. 1950~1960년대의 대표작가 손창섭은 성장과정의 기구한 피해의식이 되살아나면 곧장 싸움을 걸었기에 '싸움닭'이었다. 곽학송은 말투와 말소리로 인해 '깩깩이'가 되었다.

평론가 쪽으로 가 본다. 임화는 흰 피부에 수려한 외모로 앞에서 소개된 김남천처럼 그도 '조선의 발렌티노'라고 불렸는데 그러고 보면 별명의 동명이인인 셈이다. 그들은 공교롭게도 둘 다 월북을 했는데 만약 그들이 이곳 남한에서 똑 같이 오래살았다면 아마 구별을 하기 위해서라도 '임 발렌티노' '김 발렌티노'라고 불렀으리라 본다. 조연현은 '면도칼' '면도날'이었다. 말이나 어떤 논리가 빈틈도 없이 날카롭고 예리해서 나온 것인데, 물론 평론가이기에 그런 면도 있겠지만 그렇지 않는 평론가도 많은 걸 보아 타고난 '면도날'이 아닌가 싶다. 불문학자요 평론가인 양병식은 늦은 오후면 늘 부산 남포동 2층 단골 맥주홀로 나왔는데 '남포동 백작'이라 칭했다.

덤으로 수필가 조경희의 별명 '風女'를 소개한다. 영판 남자 비슷하게 생긴 그분이 이외로 바람을 잘 피워서 얻은 별명인가 하고 지레짐작했다면 큰 착각이다. 해외여행 길에서 얻은 별명이다. 지난날 그마나 좀 젊었던 시절, 모윤숙 선생이 한국펜클럽 회장으로 있을 때이다. 세계 펜대회에 참석했다가 귀국 길에 풍차 나라의 수도 암스텔담에서 아마도 말로만 듣고 사진으로만 보아온 풍차의 이국 풍물에 혹해 하도 많은 사진을 찍었기에 그 일행들이 놀려주기 위해 불렀던 별명이다.

자, 이제는 살아 있는 현역 문인 차례다. 시인 김남조는 한때 '김 사랑'이었다. 1960~1970년대의 젊은 시절에 하도 많은 사랑 주제의 시를 쓴 데에다가 무엇보다도 70년도 중반쯤에 나온 ≪사랑 草書≫라는 시집이 출간되어 베스트셀러에 올랐기에 붙여진 별명이다. 고은도 한시적이었지만 '마하트마 고'였다. 독신 생활을 할 30대였다. 여름이면 집에서 깡마른 모습에 팬티만 걸치고 살았기에 마치 인도의 마하트마 간디가 연상되어 친구들이 붙인 별명이다. 신경림은 작은 체구가 흡사 중국의 등소평을 닮았다 해서 '등소평'이다. 장윤우는 하도 막걸리 판에 잘 어울리는 주당이라 '막걸리 인생'이 본인의 별명특허가 되어 있다. 사라져 가거나 잊혀진 우리말을 30년간이나 힘을 들여 모아 ≪우리말 갈래 사전≫을 펴낸 시인 박용수는 한때 자유실천문인협의회의 멤버였다. 그 단체에 오갈 때는 별명이 '재일동포'였는데 지금도 유효할 수 있다. 청각을 잃어 술자리에서 어떤 대화가 오가면 무엇인가 알고자 하여 더듬거리며 말하면, 그당시 한일 국교 정상화 이후 참 오랜만에 한국을 찾아오는 재일동포에게 무언가를 힘들게 설명해 주어야 하는 경우가 연상되어 붙여진 별명이다. 그는 나의 진주고 선배이다. 진주를 떠나온 문인들의 모임인 '남강문인회' 모임에서 몇 년 전부터 더러 만나고 있는데 우리는 필담으로 서로 주고받기는 하지만 역시 힘이 든다. '재일 교포'란 지난날의 별명이 이해가 간다. 김용택은 키가 작아 '땅콩'인데 '땅개'가 아닌 것이 천만다행이다 싶으면서 애교가 있다.

소설가 황석영은 입담이 좋고 약간 부풀려 풍도 치기에 '황구라'다. 김주영은 한때 '안동 촌생원'이었다. 작가로서 입지를 다지기 위해 갓 서울 생활을 시작했을 때, 억센 경상도 억양에다 세상물정에 밝지도 못해 얻게 된 별명인데, 이제는 서울 토박이 빰칠 만큼 에헴,하고 큰소리 칠 정도로 서울의 새로운 '안동 양반'이 되어 있다. 조정래는 지난날 술자리에서 작품을 구상하는 버릇이 있어, 어떤 화제가 이것이다 싶으면 하도 '진지'하게 말을 하곤 해서 '조진지'가 되었다. 조선작은 음습한 창녀의 이야기인 〈영자의 전성시대〉를 써 이름을 얻었기에 '음지작가' '창녀조합장'이란 우스개 별명을 얻었고, 이문열을 한 때는 '도깨비'라 불렀다. 단골 바둑집에서 불려진 별명이다. 바둑 실력이 고수인 그가 한동안 죽었는지 살았는지 얼굴 한번 비치지도 않다가 어느날 느닷없이 불쑥 나타나 마치 원수라도 갚을 듯 2~3일을 계속 바둑알을 굴리고 있는 데에서 나온 별명이다. 시인 김종삼이 어떤 모임에 불쑥불쑥 잘도 나타나 '도깨비'라 불려졌다면, 이문열은 바둑집의 '도깨비'였다.

끝으로 시나리오 작가 신봉승은 '시계'다. 한때 방송가에서 널리 알려진 별명인데 방송 원고 마감 시간을 너무 잘 지켜주어 훈장처럼 얻어 찬 별명이다. 그는 아마도 다른 약속도 물론 잘 지키리라 본다. 지금 내가 직접 경험했던 일이 기억난다. 1960년대 중반, ≪세대≫란 종합지에 일하면서 그가 마침 신필름에 전속작가로 일할 때라 마침 '상호 평'이란 가벼운 기획이 있어 '감독이 본 시나리오 작가'를 신상옥 감독에게, '시나리오 작가가 본 감독'을 그에게 청탁을 한 적이 있다. 아닌 게 아니라 '시계'처럼 바로 마감 날자에 직접 원고를 가져왔던 일이 생각난다.

찾아보면 더 많은 것이 있을 것이다. 성격이나 성품의 '불칼', '대쪽', '새악씨', '부처님'도 있을 것이고, 외양이나 용모로 본 '꺽달이', '홀쭉이', '말코', '코주부'도 있을 것이고, 행동이나 버릇으로 보아 '촉새', '능구렁이', '여우', '마당발', '황소', '곰', '초라니', '구두쇠', '짠돌이', '말술' 등도 있을 수 있다.

그렇다면 이왕 내친김이니 나의 별명도 소개해 볼까 한다. 좀 젊었던 시절에는 몸매가 빼빼해서 과자 이름을 딴 '빼빼로네'였는데 이제는 나이와 함께 몸이 알맞게 불어 시효가 지난 별명이 되고 말았다. 그러나 남의 말을 들을 때 장단 맞추듯 경상도 말 '그럼'의 뜻인 '하모'를 자주 남발하여 '하모 교수님' '하모 평론가'란 소리를 들었고 지금도 듣고 있다. 그리고 자랑 같지만 한때 월평에 오랫동안 관여하는 과정에서 소설가들로부터 황공하게도 '쪽집게'란 별명을 얻어 들은 적도 있다.

그런데 웬일인가. 지금껏 알아보았듯 미남의 대명사 '발렌티노'란 별명은 있는데 바람둥이의 대명사 '돈판'(돈 쥬앙)이나 '카사노바'란 별명이 없어 약간 수상쩍다. 50년 넘은 문단생활에서 지난날이나 지금이나 그런 별명을 붙여줄 만한 대표급이 더러 있는 것으로 알고 있는데, 아마도 조심스러워서인지 공개적으로 붙인 경우가 없었던 것이 아닐까. 혹시 있다면 어디까지나 귀엣말로만 전해지고 있는지도 모르겠다.

(2014)

문학 세미나 풍속과 나의 몇 가지 체험담

문학 세미나는 크고 작은 문학 단체의 연중 행사 중 하나다. 대개 1박2일 일정으로 서울을 떠난 외지에서 주로 6월 말경이나 7월 방학을 맞이한 시기에 연다. 시기적으로 문단에서 이슈화 되고 있거나 앞으로 될 만한 문제를 다 같이 생각해 보는 자리도 되고 동시에 주최측인 해당 단체로 보면 결속력을 강화하는 계기도 된다. 또 참가자 개인으로 보면 만남과 친교의 좋은 기회도 된다.

특히 행사가 끝나고 여러 문인들과 어울려 보는 재미도 여간 즐겁지 않다. 그래서 세미나를 재담으로 '재미나'라고 한 이유가 바로 그런 점에 있다. 어떤 사람은 제사(행사)보다도 젯밥(친교의 어울림)이 더 좋아 참여한다고도 했다. 전국에서 모여든 남녀 참가자들이 삼삼오오 모여 이야기도 나누고 또 술도 마시며 흥겹게 노래도 하고 또 그러다가 더 흥이 나면 노래방으로 나가 노래 실력을 겨루어 보거나 춤 솜씨를 보여보기도 하고 아니면 단란주점으로 가 디스코춤으로 온몸 운동을 해보다 보면 정말 즐겁기도 하다. 말하자면 하룻밤 집을 떠난 유쾌한 외출이요 외박이 아닐 수 없다. 초면이라면 사교의 좋은 기회요, 구면이라면 더욱 친교를 두텁게 할 수 있는 자리가 된다.

생각해 보면 그동안 나는 50년이 훨씬 넘어선 문단생활 중에서 이런 세미나 행사에 다른 사람들에 비해 상대적으로 제법 많이 참가했지 싶다. 평론가이기에 주로 주제 발표나 아니면 사회 겸 진행의 좌장으로 참여할 수 있는 기회가 예외적으로 많았다. 자료를 한번 찾아보니 발표가 약 40여 회이고, 좌장이 약 20여 회가 되는 것 같다. 어떤 해는 발표가 불과 2, 3개월이란 기간 내에 집중적으로 4, 5차례가 있었던 해가 있고 또 어떤 해는 좌장을 4번이나 맡았던 해가 있다. 이중 많은 단체 중 가장 많이 참여했던 단체는 한국수필문학가협회의 행사였다. 발표는 2회이지만 좌장이 10여 회가 되는데 이러다 보니 그 단체의 회원들과는 한가족이 된 듯한 친밀감도 생겼던 기억도 난다.

각설하고, 그럼 이제부터는 내가 세미나 주제 발표자로 참가하여 경험했던 직접적인 체험담을 순서별로 몇 가지 풀어내볼까 한다. 물론 듣고 보고 했던 해프닝이나 흥미로운 이야기가 없는 것은 아니지만 지면 관계상 나의 직접 체험담에만 한

정한다.

그 첫 번째 이야기는 시인 김원길 씨가 촌장으로 있는 안동의 산속에 있는 지례 창작예술촌에서부터 시작된다. 개촌 기념으로 처음으로 초청된 1989년도 자유시협 세미나 때였다. 세미나를 마치고 저녁 식사 후 여름이라 마당에서 모닥불을 피워 놓고 장기자랑이다, 노래다 하여 흥겨운 판이 벌어졌다. 내 개인적 경험으로는 시인들만의 세미나에 참석해 본 것은 그것이 처음이라 약간 마음도 들떴다. 또 나이도 50을 갓 넘은 시절이라 그런대로 기나 흥이 살아 있었고 거기에다 얄량한 교수 체면에다 평론가 체면으로 문사다운 자유분방이 아니라 약간은 경직된 생활을 해 왔기에 '에라, 모르겠다.'며 마음껏 어울려 보았다. 밤새껏 이야기를 나누며 앞강에서 잡아온 강고기매운탕을 별미 안주로 삼으며 술도 마셔댔다. 달빛에 취하고 모닥불빛에 취하고 또 문정文情에 취하고 술에 취해 본, 명실상부 '깊고 푸른 밤'이었다. 점잔할 줄 알았던 교수평론가가 밤새 술에 '바람난 평론가'가 되었으니 그 이튿날 화제가 되지 않을 수 없었다.

결과적으로 그날 밤의 술타령은 '약점의 인간학'이란 말이 있듯 나의 인간적인 면을 유감없이 보여주어 같이 어울린 일행과는 보이지 않은 벽을 허무는 데에는 상당히 덕은 되었다. 그리고 조지훈의 〈주도유단〉이란 글을 보면 1단에서 9단까지 정말 화려한 유단자가 나오는데 나는 그중 어느 단에 들진 못하고 겨우 주도 초급인 '주졸'급에 속하는데도 그만 한동안 실속없이 팔자에 없는 그 2단의 '주객'이란 유단자 칭호를 하나 얻어 걸친 것이다.

나는 원래 술을 탐하지는 않는다. 집에서는 두세 달이 가도 한 방울도 하지 않았고 지금도 그렇다. 밖에서건 집에서건 노상 술타령이었다면 이렇다 할 양의 글 생산은 물론 벌써 저세상 사람이 되어 있을 것이다. 단, 밖에서는 정에 약하고 분위기에 약하고 또 여기에다 딱딱하게 느껴지는 평론가란 옷도 한번 벗어보고픈 충동도 있어 더러 문우들과 어울리긴 했다. 그런데 그만 그 일로 한동안 '주객'이란 소리를 들었으니 얼떨결에 우리 문단의 위대한(?) 주객 반열에 올랐구나 싶어 기분은 좋았다. 그러나 사실은 속사정이 그렇지 않기에 한동안 필요하다 싶으면 그것을 설명하고 해명하느라 입이 좀 고생을 한 적이 있다.

그렇지만 그 이후도 약간의 체면만은 세워가며 이런 세미나의 술판에 더러 어울려도 보았고 또 그 덕도 좀 보았다.

사실 평론가는 그 숫자가 극히 소수이라 문단 선거 때 출마를 했다 하면 장르상으로는 매우 불리한 것은 불문가지다. 그나마 문학지라도 하나 가지고 있다면 별도로 친분을 쌓을 수 있는 기회라도 있을 수는 있다. 그런 처지도 아니어서 그 이후 세미나에 참석하면 그런 기회라도 이용해 친분이라도 두텁게 해두어야겠다는 생각에서 의식적으로 더러 술판에 어울려도 보았다. 지난 시절 내가 부이사장에 출마해 한번 당선이 되고 또 이사장 출마 시는 2등은 해보았는데 거기엔 이런 어울림의 덕도 분명 있었다고 자평해 보고 있다. 세상사나 인생사란 원래 과가 있으면 실이 있다고나 할까.

두 번째 이야기는 공교롭게도 두 세미나 행사 사이에 일어났던 일인데 지금 생각해 보면 마치 '007 위기 탈출' 같은 일이었구나 싶다. 1992년 7월 17일 진도에서 열렸던 수필문학사 주관의 제1회 한국수필문학가협회 세미나 때였다. 주제 발표를 마치고 늦은 저녁을 먹기 위해 식사가 마련되어 있는 바닷가로 나가 화기애애한 분위기에 식사를 하고 있는데 느닷없이 내 집에서 모시고 계시던 조모님 별세 소식이 전해졌다. 맏상주 노릇을 해야 할 장손인지라 다급해지기 시작했다. 밤이라 대절 택시 외에는 속수무책이라 우왕좌왕하고 있는데 마침 그 행사에 참여했던 그곳 유지 한 분이 구세주처럼 나타난 것이다. 자기 고향을 찾아준 분에 대한 예의라며 직접 자기 차로 모시겠다는 것이었다. 밤길이라 교대로 차를 몰기 위해 택시 기사도 별도로 한 사람 불렀다. 전날 11시에 출발하여 다음날 새벽 3시에 도착했으니 가히 날아온 것이다. 버스로 7, 8 시간 걸리는 거리를 거의 반으로 단축시켰으니 지금 생각해도 아찔하고 사고가 없었던 게 천만다행이 아니었던가 싶다. 그리고 장례는 무사히 치렀다.

그런데 또 곧 주제 발표자로 참가할 일이 기다리고 있었다.

장례를 치른 지 5일 만에 모스코바행 비행기에 몸을 실었다. 한국문협 주최의 해외 한국문학 심포지엄이 열리는 카자흐스탄의 수도 알마아타에 가기 위해서였다. 비행기에 몸을 싣고 안도의 숨을 내쉬며 생각해 보았다. 할머니가 도와주신 것이란 생각이 언뜻 들었다. 만약 할머니가 며칠 뒤에 돌아가셨다면 모든 것이 불발인 것은 뻔한 이치가 아닌가! 나 혼자였던 한국 측 주제 발표의 발제문을 대신 다른 사람이 읽어야 하는 촌극이 일어났지 않았겠는가.

세 번째 이야기는 1990년도 국제 펜클럽 한국본부 세미나 때의 일이다. 주제 발표자는 이어령 당시 문화부 장관과 모스크바 대학교 아시아 · 아프리카 대학의 유 마주르 교수와 나였다. 진행 순서 유인물에 첫 발표는 나였고 마지막이 이어령이었다. 이어령 측으로부터 갑자기 다른 모임에 갈 일이 생겼다며 한 20분간 만 인사 겸 먼저 하고 갔으면 하는 청이 왔고 또 그렇게 진행되었다.

그런데 이게 웬일인가! 끝이 없었다. 원래 달변가로 소문이 나긴 했지만 해도 너무한다는 생각이 들었다. 두 사람 정도의 발표 시간을 독식해 버렸다. 이어서 유 마주르 교수가 하고 나니 100여 분이 훨씬 지나버렸다. 그 다음 내 차례가 되었다. 지루할 만한 시간에다 기분도 저기압이라서 대충 몇 가지만 말하고 유인물을 참고하라며 5분만에 끝내버렸다. 오히려 역으로 다른 어느 발표자 때보다 박수가 더 많았다. 최소 30분

정도는 소요될 발표 시간을 달랑 5분 만에 끝냈으니 이는 시간을 너무 오래 끈 앞 발표자에 대한 무언의 항의였는데 분명 번갯불에 콩 구워먹는 식의 '5분 발표'야말로 너스레를 떨어보면 세미나 사상 초유의 일이 아닐까도 싶다.

네 번째 이야기는 1995년도 한맥문학가협회 세미나 때의 일이다. 행선지는 춘천 근방이고, 출발지는 서대문 소재의 독립공원에서였다. 버스 두 대가 대기하고 있는데 두 대의 허리에 매달려 있는 플래카드를 보는 순간 깜짝 놀랐다. 발표자인 내 이름이 대문짝만 하게 씌어져 있는 게 아닌가! 어떤 분들은 마치 국회의원 유세를 떠나는 차 같다고 농을 걸어오기도 해 한편 송구스런 마음이 들긴 했지만 속으로는 기분이 좋았던 하루였다. 평생 그 농처럼 처음이고 마지막인 '이유식 유세차'를 타본 경험이었다고나 할까.

다섯 번째 마지막 이야기는 1997년도 7월 캐나다 토론토에서 열렸던 한국문협 해외 심포지엄 때의 이야기다. 동국대 교수요 산악인이었던 시인 장호(김장호)와 나는 다 같이 주제 발표자로 참가했는데 행사가 끝나고 그와 나는 캐나다 로키 관광길의 일행이 되었다. 캘거리를 거쳐 밴프 지역에 도착한 첫날, 우리는 거기서 하룻밤 잤는데 그날 저녁 우리 일행들 일부는 간이주점에서 시원한 맥주를 들며 그로부터 산악인 고상돈에 관한 이야기를 실감나게 들었다.

본인이 대한산악연맹의 기획이사로 있을 당시인 1977년도에 한국 에베레스트원정 훈련대장을 맡아 설악산 눈밭에서 고상돈과 그 일행 팀을 훈련시켰던 일, 그 결과 한국 최초로 에베레스트 정상에 오르게 했던 그 감격스러움, 그리고 2년 뒤인 1979년도에 북미 알래스카 산맥의 최고봉인 맥킨리봉을 등정하고 하산하는 길에 불행히도 심한 강풍에 몸이 쏠리어 그만 30세의 아까운 나이에 추락사하고 만 불상사 등등을 소상히 들을 수 있었다. 연구실 아니면 내 집의 서재에 노상 틀어박혀 있있던 '샌님' 서생의 귀에는 가히 모험담을 듣는 기분이었다.

그런데 참 세상일이란 알 수 없는 일이었다. 평생을 산악인으로 단련된 건강이 바로 그 2년 후인 1999년도에 불과 만 70세에 그만 꺾이고 말았으니 말이다. 세기의 연인이었던 마릴린 먼로 주연의 영화 〈돌아오지 않는 강〉의 로케 장소로 유명한 보우 강의 보우 폭포를 보며 서로 경쟁이라도 하듯 그녀의 그 유명한 엉덩이 걸음걸이를 흉내내 보며·서로 웃던 일 그리고 태고의 아사바스카 빙원에서 천년을 장수한다는 그 빙하 약수를 마시며 서로 90세쯤 살고 보자는 덕담도 나누었는데 불과 2년 뒤에 돌아가고 말았다.

그리고 곁들여 이런 일 말고도 여러 세미나의 갖가지 추억들도 떠오른다. 메뚜기도 한철이 있듯 이 모든 추억들도 결국은 한때의 일이었구나 싶고 또 특히 80고개를 바라다보며 인생 사양기를 맞고 있는 지금 이 순간, 세상 모든 일도 결국은 꿈속만 같이 느껴지고 있다. 이런 저런 세미나의 갖가지 추억들도 이제는 세월과 함께 그야말로 '돌아오지 않는 강'을 향해 아스라이 떠내려 가고 있는 듯싶다.

(2015)

4부

나의 '로마의 휴일'

로마 하면 우선 광장과 분수가 연상된다. 그곳에 들렀을 때 나는 무엇보다도 곳곳에 있는 광장과 분수의 수에 놀랐다. 여행객의 발길과 눈길을 잠시 휴식케 하는 로마 특유의 풍물이라고나 할까.

로마 여행에서 트레비 분수는 빼놓을 수 없는 코스이다. 콜론나 광장 동쪽에 있는 이 분수를 내가 처음 보게 된 것은 영화 '애천愛泉'에서였다. 동전을 던지면서 소망을 비는 장면이 퍽 인상적이기도 했다. 이 분수는 '처녀의 샘'이라고도 하는데 로마 시내에 흩어져 있는 수많은 분수 중에서 가장 유명하다. '처녀의 샘'이라는 전설이 생긴 것은 기원 전후의 일이었다.

그 전설에 의하면, 한 처녀가 갈증에 시달리며 이 트레비 마을을 지나는 병사들에게는 생명의 물을 주었고, 또 사랑을 원하는 젊은 남녀에게는 사랑의 물을 주어 사랑이 싹트게 했다는 내용이다.

기원전 19년경 로마 시내의 급수 사정이 좋지 않아서 교외에서 물을 끌어다가 이곳에 분수를 만들었다 하는데, 이때의 수도의 길이가 무려 20킬로미터였다고 하니, 큰 공사임에 틀림없다는 생각이 들었다. 그러나 현재의 분수 모습을 갖추게 된 것은 18세기였다. 1762년에 포리 대공의 궁전을 뒤에 두고 만들어졌는데, 대리석으로 만든 조각들이 가히 일품들이었다. 반은 사람이고 반은 고기인 해신 트리톤이 전차를 인도하는 조각이 있고, 또 그 위에 부조된 거대한 조개를 밟고 서 있는 바다의 신 넵튠 조각은 살아서 꿈틀거리는 형상이었다.

우리가 그곳을 방문한 것은 어느 오후였다. 로마의 중심부에 위치한 이곳은 로마 시민들의 휴식처이며 또한 이름난 관광지라서 많은 사람들이 들끓고 있었다. 이 분수에 동전을 던져 넣으면 언젠가는 로마에 다시 오게 된다는 재미있는 전설이 있다. 그리고 또 자기의 소망을 빌면 그 소망이 실현된다는 곁가지의 전설도 있다. 그래서 이곳을 찾는 여행객들은 동전을 던지며 각자의 소망을 빈다.

나도 동전을 한 닢 던져 넣었다. 그랬더니 마침 분숫가에서 얼마전에 인사를 나누고 사진 촬영을 부탁한 적이 있는 현지의 젊고 발랄한 아가씨가 무슨 소망을 빌었느냐고 불쑥 질문을 했다. 나만의 비밀이지만 로마에 다시 돌아와 아가씨를 만날 수 있는 기회가 있기를 빌었다고 다소 짓궂은 대답을 했더니 아가씨 역시 짓궂다는 눈길을 보내며 활짝 웃었다.

분수의 계단을 올라와 우리는 노천 카페에 들렀다. 사진 촬영의 수고에 대한 나의 조그마한 성의 표시를 하기 위해서였다. 무엇을 들고 싶으냐고 물으니 대뜸 맥주를 청했다. 목을 축여 가며 이런저런 이야기를 나누며 여행의 피곤을 풀었다. 내가 그 아가씨의 사진도 몇 장 찍었기에 한국에 가면 현상을 해서 곧 부쳐줄 테니 주소를 알려 달라고 해 주소를 받았다.

아가씨는 트레비 분수에서 얼마 떨어지지 않은 곳에 산다며 놀러 나왔다는 것이다. 나는 글을 쓰는 사람이라고 소개했더니 무척 반가워했다. 그녀는 괴테가 로마를 방문했었던 이야기를 들려주며 스페인 광장을 둘러보았냐고 물었다. 내일쯤 들를 예정이라고 하니까, 그곳에 가면 괴테가 로마 여행 중 자주 드나들었던 바bar가 있는데, 이태리 정부가 기념으로 보호하고 있다는 것이다.

문득 스페인 광장에 대한 이야기를 듣다 보니 영화 〈로마의 휴일〉이 연상되었다. 유럽의 여러 나라를 친선 순방 중인 어느 왕국의 공주 앤(오드리 햅번)이 로마에 체류한다. 연일 계속되는 각국의 대사, 외교관, 정계와 재계의 거물들과의 회견에 지친 앤은 어느 대사관 홀에서 수면제를 먹고 잠을 청한다. 그러나 잠이 오지 않자 그녀는 그곳을 몰래 빠져 나와 로마의 시가로 나선다. 거리에 나온 그녀는 지나가는 화물차 뒤칸에 슬쩍 올라타고 중심가로 나간다. 앤은 이제 스무 살이 될까 말까 할 정도의 어린 나이였다. 로마의 거리는 황혼에 물들며 밤의 장막이 내리고 있었다.

그녀는 호기심에 찬 눈으로 발길 닿는 대로 걸어간다. 마침내 스페인 광장에 이르자 비로소 수면제 효과가 나타나 졸음이 오기 시작한다. 그녀는 길가의 벤치에 앉았다가 그대로 쓰러져 잠이 든다.

그때 마침 여행 중인 앤 공주의 특종 기사를 찾아 로마에 와 있는 미국의 어느 신문사 기자 조 브래들리(그레고리 펙)가 벤치에 쓰러져 자고 있는 아름다운 처녀를 보고 발길을 멈춘다. 잠자고 있는 처녀를 일으키며 사정을 물어보려 했으나 오히려 조에게 기댄 채 잠만 잔다.

자세히 살펴보니 길거리의 여자는 아니었다. 어딘지 기품이 있어 보이는 얼굴이었다. 조는 무척 난처했지만 그녀를 자기의 하숙으로 데려간다. 그리하여 금지된 꿈결 같은 감미로운 짧은 사랑이 전개된다.

이 영화가 연상되자 나는 주제넘게도 로마에 와서 나에게도 그와 같은 행운이 와 주었으면 하는 생각이 들었다. 요금을 치르고 일어서서 헤어지는 인사를 하는 순간, 나를 찾고 있던 일행들이 손짓을 했다. 여행길에서 자주 농담을 해 우리 일행을 웃기기도 했던 작가 문순태 씨가 〈로마의 휴일〉을 예행 연습이라도 했느냐며 농을 걸어 왔다. 그날 저녁 주駐 이태리 한국 대사와 만찬 약속이 있어 우리는 일찍 호텔로 돌아왔는데, 돌아오는 길에서 또 작가 전상국 씨와 윤홍길 씨가 짓궂게도 무슨 약속을 했느냐고 농을 걸기도 했다.

다시 생각하면 나에게는 그 일이 진짜 '로마의 휴일'이었는지도 모른다는 생각이 들어, 그 아가씨의 발랄했던 모습이 눈앞에 선하게 떠오른다.

(1982)

와이키키 해변의 어느 오후

알로하Aloha, 야자수, 훌라춤, 상하常夏의 나라 하와이를 몇 년 전에 다녀왔다. 5박 6일간의 일정으로 학장과 몇몇 교수들이 호놀룰루에 있는 카피올라니 대학과 자매결연식을 위한 출장여행이었다.

하와이는 평소 한번 가보고 싶었던 곳이다. 1950년대 말에 흰색이나 회색 계열만 즐겨 입던 우리의 셔츠패션에 처음으로 컬러풀한 색상의 알로하셔츠가 유행해 나도 색다른 멋으로 하나 사 입고 하와이풍을 흉내내 보며 그곳의 풍광을 상상해 보며 동경하는 마음도 가져 보았다. 또 비슷한 시기에 〈하와이안 훌라 아가씨〉란 노래가 유행했는데 이 노래를 부르면서 훌라 아가씨의 멋들어진 엉덩이춤을 그려 보기도 했다.

우리는 KAL기 편으로 떠났다. 기내에서 나는 미리 준비해 간 하와이 안내 책자를 꺼내 좀 봐 두었다.

하와이 제도가 문명국에 알려진 것은 1778년 영국인 탐험가 제임스 쿡에 의해서였고, 당시 원주민은 약 33만 명이었고 추장들이 지배하는 사회였다.

이런 추장사회가 왕국으로 성립된 것은 1795년도였다. 카메하메하 추장이 전 하와이 섬을 통일하여 왕국을 수립하고 제1세 대왕이 되었다. 그로부터 약 100년간 8대에 걸친 하와이 왕조가 시작되었다. 왕조 초기에는 수도가 마우이 섬의 라하이나였으나 카메하메하 3세 때인 1850년에 지금의 호놀룰루로 옮겼다.

그리고 1893년 혁명에 의해 하와이 왕조는 붕괴되어 공화국으로 되었다가 1897년 미국 의회에서 하와이 합병안이 통과되었고, 1959년에는 50번째의 주로 승격되었다.

일반적으로 하와이 하면 하와이 섬을 말하는 것이 아니라 하와이 제도를 말하는데 전부 24개 섬으로 이루어져 있고, 17개 섬은 무인도이고 유인도는 수도 호놀룰루가 있는 오아후 그리고 마우이, 하와이, 카우아이, 니하후, 몰로카이, 라나이 등 7개 섬이다.

8시간의 비행 끝에 호놀룰루 공항에 도착하여 곧바로 와이키키 해안 변에 있는 호텔로 가 여장을 풀었다. 5박 6일 중 자매결연식을 하는 날을 제외하곤 호놀룰루 시내관광과 오아후 섬 일주관광을 즐겼다.

특히 이 중에서 아직도 감동적으로 남아있는 기억은 주청사 안에 세워져 있는 다미엔 신부의 동상을 보며 들었던 이야기다. 몰로카이 섬에 수용된 나병환자들과 함께 생애를 보내고 끝내 그도 나병환자가 되었다는 그 이야기는 실로 인류애와 봉사애의 극치로서 나는 그 이야기를 들으며 나만 알고 내 가족만 늘 생각하는 나의 이기심이 무척 부끄러워졌다.

가장 아름다운 곳은 하나우마 만이었다. 해상공원으로 지정되어 있고 해수욕장으로도 유명한데 '굽어져 있다.'는 뜻으로 절벽 아래 문자 그대로 완만한 곡선을 그리고 있는 해변은 절경 중의 절경이었다. 왕년의 가수 엘비스 프레슬리가 주연한 영화 〈블루 하와이〉의 로케 장소가 된 이유를 비로소 실감할 수 있었다. 산호의 바다에 수영객과 열대어들이 어울려 노는 광경은 그야말로 자연과 인간이 합일된 원시의 선경이요, 낙원 같은 세계였다.

그리고 이 여행길에서 한 가지 배운 것도 있다. 오아후 섬 일주 여행길에 둘러본 폴리네시안 문화센터에서 훌라춤의 설명을 듣고 실습도 해봤다. 동작 하나 하나 그리고 손과 팔의 모양에 각각 춤언어가 있다는 것을 처음으로 알게 되었다.

기뻤던 일이라면 하와이 대학에서 있었던 일이다. 나의 평론집이 그곳 도서관에 비치되어 있다는 사실을 알고 무척 기뻤다. 이보다 훨씬 앞서서는 하바드 대학에 교환교수로 1년간 머물다 돌아온 평론가 겸 서강대 교수인 이재선 박사로부터 나의 책이 그곳 도서관에 있더라는 이야기를 직접 듣고 힘들지만 글을 쓰는 보람 같은 것을 느낀 적이 있었는데 또 하와이대 도서관에도 나의 책이 비치되어 있구나 싶으니 여간 즐거운 일이 아닐 수 없었다.

그러나 뭐니 해도 가장 생생한 기억은 와이키키 해변에서 보낸 시간이다. 입국 전날 오후, 다른 일행들은 쇼핑을 떠났지만 나는 같은 과의 젊은 교수와 단둘이서 오후를 거기서 즐겼다. 세계적으로 이름난 해수욕장에서 난생처음으로 태평양의 바닷물에 몸을 한번 맡겨 본다는 것은 짜릿한 흥분과 추억이 아닐 수 없다.

와이키키 해변이 나를 끌어들인 강렬한 유혹은 현장의 이국적인 풍경이나 풍물도 있었지만 그보다는 1960년도를 전후해서 내가 본 영화 〈지상에서 영원으로〉에서 받은 어떤 신scene의 강렬한 인상도 작용했다.

이 영화는 제2차 대전이 일어나기 직전 호놀룰루에 있는 미군 기지를 배경으로 한 영화이다. 부대장의 아내 역으로 나온 데버라 카는 멋대가리가 없고 냉혹하기만 한 남편에게 진저리가 나 결국 이 남자 저 남자 교제를 하던 중 남편 부대의 선임하사 역으로 나온 버트 랭커스터와 달콤한 데이트를 즐긴다. 그들이 모래사장에 드러누워 처음으로 격렬한 포옹과 키스를 나누던 곳이 바로 이 와이키키 해변이다.

나는 그날 이 영화 속의 이 장면을 흉내라도 내듯 금발의

미녀들과 대화를 나누며 수영을 즐겼다. 그리고 잠시 야자수 그늘 밑에서 쉬고 있는데 우연히 수영을 하려고 나온 하와이 한국인 이민 3세를 알게 되었다.

그를 통해서 하와이 이민사를 소상히 들을 수 있었다. 1900년대 초에 시작한 하와이 농장이민이 1905년 말까지 이어져 약 7천3백 명이 왔는데 처음에는 큰돈을 벌어 보겠다는 큰 꿈을 안고 왔지만 기다리는 것은 사탕무와 파인애플 농장에서의 중노동뿐이었다.

그는 자기 할아버지가 바로 이민 1세대인데 할머니를 이른바 '사진결혼'에 의해 맞이했다는 것이다. '사진 결혼'은 고된 일을 하는 막일꾼들의 외로움을 달래기 위한 미국인 농장주들의 아이디어였다. 1910년부터 1925년까지 이처럼 사진 신랑을 찾아 하와이에 도착한 사진 신부는 모두 950여 명이었다.

나는 이 이야기를 들으며 눈에 비치는 화려한 와이키키 해변 풍경과는 달리 마음 한구석이 차츰 숙연해지기 시작했다. 불운했던 지난 역사의 한 페이지를 듣는 기분이었다.

순간 바람이 차츰 거세어지며 높은 파도가 몰려오는 것이 보였다. 인생이란 참으로 무상하단 생각이 들었다. 이 해변의 모래알 같은 것이 인간의 목숨일진대 왜 사람들은 아웅다웅 으르렁거리며 돈을, 권력을, 자리를 탐하는가도 싶었다. 내가 앉아 있는 이 자리의 흔적이나 내가 밟았던 모래사장의 발자취도 언제 그랬냐는 듯이 파도에 밀려 자취도 없이 사라지리라 생각하며 나도 언젠가는 그런 길을 밟으리라 생각하니 마음이 허전했다.

그분과 헤어지고 우리는 곧장 호텔로 돌아왔다. 돌아오는 길에 어차피 하와이 사람들도 한순간 이 세상을 살다 떠나겠지만 그래도 환경오염에서 자유로와 천혜의 자연을 마음껏 누리며 사는 사람들이구나 싶으니 한편으로는 부러움도 들었다.

(2000)

요르단을 떠나며

1981년 11월 중순의 일이었다. 문인 해외문화 및 건설현장 시찰단인 우리 일행 여덟 명은 파리, 로마를 거쳐 요르단에 도착했다. 그리고 이곳 일정을 무사히 끝내고 다음 목적지인 인도네시아로 가기 위해 쿠웨이트행 비행기를 탔다.

아침밥을 설친 나에게는 이틀 동안이나 유적지를 돌면서 점심 때마다 우리가 직접 쌍용의 안내원들과 함께 구워 먹어 본 양고기 맛이 혀끝에서 되살아나 군침이 돌기 시작했다.

특히 그곳의 양고기는 별미 중의 별미였다. 비싸기만 한 이곳의 쇠고기가 우리의 기술자들에게 오히려 양고기의 연하고 독특한 맛의 위력에 눌려 푸대접을 받고 있다는 것도 내가 본 요르단에서만의 광경이었다.

나는 사실 이번의 여행길에서 최소한 미각의 몬도가네를 곁들여 즐겨 보려 했다. 파리에서는 에스카르고라는 달팽이 요리를, 로마에서는 풀 코스의 이탈리아 요리를, 인도네시아에서는 그곳의 해산물을, 홍콩에서는 게 요리를 각각 맛보았다. 그러나 그 어느 것도 요르단의 양고기를 따르지 못했으니, 배가 고프기 시작하자 그 미각의 여운이 되살아나는 것도 무리가 아니었다고나 할까.

비행기는 벌써 광막한 아랍의 사막 위를 날고 있었다. 나는 잠시 창밖을 내다보며 엉뚱한 생각을 해보았다.

왜 아랍인들은 콧수염을 기르는가를, 왜 막달라 마리아는 예수의 발을 씻어 주었는가를, 왜 회교인들은 사진 찍히기를 겁내는가를, 왜 회교인들은 일부다처를 신봉하는가를. 그제사 나는 그 이유를 알 것만 같았다. 콧수염의 경우는 먼지와 모래바람, 그리고 또 뜨거운 지열地熱이 직접 코로 들어가는 것을 막자면 우선 위생 건강학적으로 알라 신이 만약 아랍인들에게 콧수염을 선물(?)하지 않았다면 무엇이었건 인위적인 장치가 필요했을 게 뻔하다.

그러고 보니 지리 풍토적으로도 콧수염이 사랑을 받을 충분한 이유가 있었던 것 같았다. 한술 더 떠 만약 아랍의 여인들에게도 콧수염이 난다면 어차피 그것을 장식 삼아서라도 곱게 다듬고 다니지 않았을까 하는 나의 상상에 웃음이 절로 나왔다.

20세기 초 다다이즘의 어느 화가가 모나리자의 얼굴을 그리면서 콧수염을 그려 넣었다는 이야기를 들은 기억이 있는데, 나는 그 화가와 같은 별 취미의 상상을 즐기고 있었는지도 모르겠다.

막달라 마리아가 예수의 발을 씻어준 경우는 찾아온 손님에 대한 최대의 예의였음도 알았다. 흙먼지는 많고 물조차 귀했으니, 일단 귀한 발걸음을 옮겨준 데 대한 최대의 예의 표시가 발 씻어주는 일이었음은 두말할 나위가 없을 것이다.

아무튼 습관이나 풍습, 예의 등은 지리, 자연, 풍토적인 여건이나 환경과 깊은 연관이 있음을 새삼 느껴볼 수 있었다.

사진찍기를 금기하는 관습은 사진을 찍다 보면 알라가 불어넣어 준 신성한 영혼이 그곳으로 빠져나간다는 전통적인 어떤 생각 때문인데, 이것은 사진기가 없었던 마호메트 시절에 그가 금기한 사항이 아님은 명약관화한 일일진대 아랍에 들어온 문명(문명물)에 대한 어떤 콤플렉스의 작용이 아닐까 싶어졌다.

그렇다면 그들은 아예 거울도 또는 자기 얼굴도 대하지 않는단 말일까. 결코 그렇지는 않을 것 같다. 아무튼 아랍은 사진업은 숙명적으로 안 될 곳인가 보다.

일부다처의 습속은 교조教祖 마호메트의 입장을 정당화시키려는 것은 아니었던가. 그는 처음에 돈 많은 과부에게 장가를 들었다. 그후 그의 위치가 확보되자 새 처녀 장가를 들기도 했는데, 일부일처제를 주장했다가는 마호메트의 결혼 행적이 위태로운 비난을 받을 것 같았으니 일부다처도 나옴직한 발상이었다고나 할까.

나는 이와 관련하여 공자孔子의 그 광휘로운 부권주의父權主義를 생각하여 보았다. 아버지를 일찍 여읜 공자는 너무도 아버지의 정이 그리웠지 않았을까. 그러다 보니 부권 사상이 매우 강조된 것 같다. 만약 아버지가 오래살았고 그에게 좋지 못한 인상을 주었다면, 그의 사상은 조금 달라졌을지도 모를 일이다.

창밖을 보고 이 생각 저 생각도 해보고 엉뚱한 상상의 날개를 펼치다 보니, 비행기의 날개 힘으로 어느덧 쿠웨이트에 도착하고 있었다. 목적지 인도네시아를 생각하며 발리의 무희들에 대한 상상은 일단 접어두기로 했다.

요단강의 강물은 예나 지금이나 전설처럼 흐르고 있는데 그곳의 으르렁거림(요르단 대 이스라엘)은 언제쯤 걷힐는지….
그러다 보니 문득 떠나온 고국의 휴전선이 나의 시야를 어지럽히고 있었다. 모세의 지팡이가 있어 그 기적과 권능의 조화造化를 다시 부릴 수 있다면 이 지상의 전운戰雲은 과연 사라질는지 참으로 이 여행객의 마음은 수수愁愁롭기 그지없었다.

(1982)

슬픔과 기쁨이 교차한 일본 여행

참으로 오랜만에 홀가분한 기분으로 일본 여행길에 동참했다. 이번에 한국문협이 주관한 일본 속의 백제 역사 유적지 문학기행을 3박4일에 걸쳐 다녀왔다. 교토, 나라, 오사카에 심어져 있는 10여 곳 이상의 사적이나 유적지를 돌아보면서 나의 마음은 시종 밝지만은 않았다. 어둡기만 한 한 방문지가 있었다.

교토에 있는 조선인 '귀무덤'에 들렀을 때의 일이다. 참으로 마음이 무겁고 무겁기만 했다. 말로만 들어왔던 귀무덤을 현장에서 직접 보니 만감이 서려왔다. 임진왜란과 정유재란 당시 일본군이 베어서 보낸 조선인의 귀와 코를 묻어둔 그 무덤을, 그것도 다른 곳이 아니라 도요토미 신사 앞에서 얼마 떨어지지 않은 지척의 거리에다 마치 승전의 기념물인 양 만들어

놓았으니 굴욕스런 마음 금할 길이 없었다. 전쟁이 끝나고 에도막부에 의해 일본으로 들어온 조선통신사들이 지금의 동경인 에도로 가는 도중에 이곳에 들러 사흘 밤낮을 통곡하며 제사를 지내기도 했다는 이야기를 떠올려 보며 그 원통하고 한스러웠던 마음을 헤아리고도 남을 만했다.

특히 전쟁터에서 보인 인간의 야만성이나 잔인성은 동과 서가 따로 없다 싶다. 중고교 시절, 서부영화에서 보아온 인디언들의 백인종 '머리가죽 벗기기'가 그들의 야만성을 보여주는 대표적인 장면으로 입력되어 있지만, 사실은 인디언들이 아니라 백인 인간 사냥꾼들의 만행임을 안 것은 한참 세월이 흐른 뒤였다. 1775년 마사추세츠 의회의 포고령만 보아도 알 수 있다. '남자 머리가죽은 40파운드, 여자나 12세 이하의 것은 20파운드를 지급한다.'는 내용이었다. 인디언들이 홧김에 백인들의 흉내를 내었을 뿐이다.

이런 생각까지 떠올려 보며 묵념을 마치고 무거운 발걸음으로 돌아서려는데 부근 나무숲에서 시종 울고 있던 매미 울음소리가 더욱 큰소리로 들려왔다. 이국 땅에서 묻혀 있는 죽은 원혼들이 환생하여 무심한 역사를 한탄하듯 울어대는 소리인 양 환청처럼 들려왔다.

그러나 이곳을 떠나 다른 곳을 찾았을 때의 그 매미 소리들은 울음이 아니라 즐거운 음악이요 합창인 듯싶었다. 사람의 마음이란 참으로 간사한가 보다. 마음이 슬플 때는 어떤 소리가 슬프게도 들려오고, 반대로 기쁠 때면 기쁘게 들려오기 마련인가 보다. 그것이 이른바 감정이입을 통한 소리의 자의적 해석이요 귀 기울임이 아닌가.

교토에서는 왜나라에 불교를 전파시킨 백제 제26대 성왕聖王과 백제 왕족을 모시고 있는 '히라노신사'(平野神社)를 들러 보았다. 고대 일본에 뿌리하고 있었던 백제의 힘, 백제의 영향력을 체감할 수 있었다. 더욱이 지금의 아키히토 천왕의 아버지인 히로히토 일왕이 참배를 하고 기념식수까지 했다는 말을 들었을 때는 어딘지 마음이 뿌듯해 옴을 느꼈다.

그리고 교토부 오쓰(大津)시에 있는 '오우미신궁'(近江神宮)도 둘러보았다. 백제 멸망 당시 일본 제38대 천왕인 텐치天智의 신주를 모시고 있는 곳이다. 일본 역사상 두 번째로 나라땅의 구다라강百濟川 강변에 백제궁을 짓고 살았던 조메이(舒明) 천왕의 아들로서 일왕 중 백제인과 가장 연고가 깊은 인물 중의 한 사람이라 한다.

나라(奈良)에서는 고대 한국불교 전파의 기념비라 칭할 수 있는 '도다이지'(東大寺)를 둘러보았다. 8세기 중엽에 세워진 이 절은 유네스코가 세계문화유산으로 지정한 곳이니 그 이름에 나타나 있듯 그 크기나 규모만은 설사 가보지 않더라도 대략 짐작은 쉽게 할 수 있으리라 본다. 특히 얼굴 길이 약 5m, 손바닥 길이 3m와 좌상의 높이가 16m가 넘는 세계 최대 금동불상 '비로자나대불'을 쳐다보면 누구나 감탄하여 벌어진 입을 다물 수가 없으리라 본다. 백제와 신라 고승高僧들에 의해 이루어진 역사役事라니 더욱 자부심이 생기는 것 같았다.

순간, 눈에 보이는 모든 물건들을 그저 축소지향적으로 작고 아담하게 만들기만 하는 오늘의 일본인들의 눈에는 과연 이것이 어떻게 비춰지고 있을까가 궁금했다. 고대 한국인들의 배포 큰 웅장한 불사佛事 앞에 압도당하여 역설의 감동을 받았으리라 본다. 아닌 게 아니라 옆에 있던 일인 관광객들이 '크다'라는 일본말을 합창을 하듯 탄성을 발하는 것을 보고 나도 모르게 회심의 미소를 지어도 보았다.

특히 나라 지방은 비단 이곳만이 아니라 일본 땅에 최초로 백제문화 '아스카'(飛鳥)문화가 꽃핀 곳인 만큼 여러 곳을 둘러보지 못해 못내 아쉬운 생각이 들었다.

오사카에서는 왕인 박사의 사당인 '다카시노신사'(高石神社)를 둘러 보았다. 우리를 안내하느라 차중이나 현장에서 시종 수고를 아끼지 않았던 홍윤기 박사가 이것저것 설명하는 과정에서, 만약 왕인박사가 백제로부터 일본에 건너오지 않았다면 고대 일본문화는 몇 백 년 이상 뒤졌을 것이라는 말을 덧붙였는데 절로 수긍이 갔다. 그리고 593년에 소토쿠(聖德)태자가 발원하여 백제 건축가에 의해 지어졌다는 '시텐노지'(백제 '사천왕사'), 아이러니컬하게도 우리나라에는 없는 '백제왕 신사' 그리고 백제사란 절이 있었던 '백제사 사적공원' 그리고 그 인근에서 5세기경의 백제의 베틀 부품이 발견된 '나시즈쿠리유적' 등을 둘러 보았다.

이런 식으로 3박4일의 일정을 모두 끝내고 드디어 비행기에 몸을 실었다. 편안한 휴식을 즐기면서 이번 여행을 속으로 결산해 보았다.

물론 고대 일본문화의 원류가 된 백제문화의 흔적을 현장 확인한 소득도 소득이지만, 덧붙여 상식적으로만 알고 있었던 것들을 더 깊이 알게 된 계기가 되었다. 왕인박사, 아직기, 아좌태자의 일본 내의 눈부신 활동 그리고 일본의 성덕태자에 관해서도 많은 새로운 지식을 얻었다. 그런가 하면 일본 천왕가에는 많은 백제인의 피가 흐르고 있다는 설명을 듣고는 미처 알지 못했던 여러 부분을 깊이 알게 되었다.

이 생각 저 생각을 정리해 보고 있노라니, 갑자기 비행기가 난기류를 만나 흔들리고 있었다. 창밖을 내려다 보자 망망대해의 현해탄이 한눈에 들어왔다. 나는 눈을 감고 한·일관계의 지난 역사를 되새겨 보았다. 왜인들의 끊임없는 조선해안의 노략질, 임진왜란, 일제 강점기, 독도 영유권 문제 등등은 실로 고대문화를 심어준 은인국인 우리나라에 대한 배은망덕이 아닌가. 문제는 남만 탓하기 앞서 우리의 국력이 약해서 일어났고 일어나는 일이다 싶으니 뭐니 해도 국력이 강성해지고 볼 일이라 생각했다.

생각이 이런 데로 미치자 문득 고대 일본에서 유행했던 '구다라나이'(百濟無い)란 말이 떠올랐다. 이 말의 어원은 '이것은

백제 물건이 아니다.'라에서 나왔는데 즉 다른 물건과 비교하기 위해 백제문화를 찬양했던 말이라 한다.

이제 우리는 그 옛날 '구다라나이'란 그 영광을 다시 되살려 앞으로는 '칸고꾸나이'란 말이 나오도록 노력하고 반성도 해야 하지 않을까 싶다.

왕인박사가 일본 최초의 와카(和歌)인 〈난파진가〉(難波津歌)를 지었는데 우리말로는 '난파진에는/ 피는구나 이 꽃이/ 겨울잠 자고/ 지금은 봄이라고/ 피는구나 이 꽃이'라는 뜻이다.

나는 앞으로 '칸고꾸나이'란 말의 유행이 하루속히 오길 고대해보면서 이 와카를 내 나름의 버전으로 바꾸어 입속으로 혼자 주문처럼 읊조려도 보았다.

일본에는 피는구나/ 한류의 꽃이/ 겨울잠 자고/ 지금은 봄이라고/ 피는구나 한류의 꽃이

(2009)

잊지 못할 인연의 강화

이번에 강남문인협회의 강화문학기행에 동참해 보았다. 하루 일정으로 떠나는 날이다. 광역 및 기초 단체장 투표를 아침 일찍 끝내고 곧바로 택시를 잡아타고 출발지인 강남문화원 앞으로 갔다. 8시반 출발이라 10분 전에 도착해 보니 많은 남녀 회원들이 이미 대절버스에 올라 있거나 아니면 밖에서 서로 즐거운 인사를 나누고 있었다.

나로서는 참으로 오랜만에 강남문인들과 어울려 보는 자리다. 2년 임기의 초대 회장 자리를 물러난 뒤론 근 4년간 여러 행사에 거의 불참했다. 그동안 여러 차례 문학기행을 떠난다는 연락도 받았지만 어쩐지 마음이 썩 내키지 않았던 게 사실이다.

그러나 이번만은 달랐다. 가벼운 마음도 들었을 뿐만 아니라 행선지가 나와는 특별한 인연이 있는 곳이기에 추억여행도 되겠다는 생각이 들었다. 문학기행이란 이름으로 회원들과 어울려 본 것은 그것이 처음이었는데 참으로 유쾌하고도 즐거운 시간을 보냈다.

강화가 나와 특별한 인연이 있는 곳이라 했는데 그것은 고향이 거기라서도 아니고 또 선산이 있어서도 아니고 아니면 특별한 친구나 연인이 있어서도 아니다.

2000년도 11월 하순 경이다. KBS 2 TV 〈그곳에 가고 싶다〉 프로 담당 PD로부터 전화가 왔다. 12월 17일자 일요 아침 프로에 방영될 예정인데 로케 장소가 강화도로 정해졌다며 이 프로에 꼭 나의 집사람과 함께 출연해 달라는 요청이었다.

사실 속으로는 매우 기뻤다. 간혹 그 프로를 보면서 언젠가는 나도 한번 출연해 보았으면 하는 생각을 한 적이 있었기에 아주 즐거운 마음으로 즉석에서 승낙했다.

5명의 스탭진들과 4박 5일을 그곳에서 보냈다. 스케줄 표를 보니 전연 가보지 않았던 곳이 많이 끼여 있어 더욱 기뻤다. 마니산 등정, 동막갯벌, 새우잡이로 유명한 창후리 포구, 외포리 포구와 석모도의 보문사, 왕골로 만드는 삼합의 명산지 교동도 등을 난생처음 가보았다. 정말 뜻있는 체험이었다. 그동안 TV에 여러 번 출연해 본 적은 있지만 우리 부부가 준배우(?)가 되어 마치 구혼여행(?)을 즐기듯 했으니 잊을 수 없는 곳으로 각인되어 있다.

지금도 잊히지 않는 기억이 몇 가지 있다. 산낙지 잡는 현장 촬영을 위해 동막 갯벌로 들어가다가 잘못 발을 들여놓아 그만 뻘수렁에 빠져 3, 40분을 생씨름하다 겨우 빠져 나오기도 했는데 지금도 그 생각만 하면 식은땀이 난다. 무릎까지 빠져들다 보니 영락없이 갯벌귀신이 되는가 싶었다. 천신만고 끝에 겨우 빠져 나오다 보니 안내자 겸 낙지잡이꾼이 하는 말이 밀물이 들어올 때면 갯벌귀신이 된 사람들이 더러 있었다는 말을 듣고는 등골이 오싹했다. 그곳은 군인들이 해안 경계를 하는 곳이라 허가받은 사람 이외엔 민간인 출입이 금지되어 있어 곳곳에 위험이 도사리고 있다는 것이다.

또 우리 부부가 원없이 팔짱을 끼거나 아니면 손을 마주 잡고 다닌 기억도 있다. 촬영 중에는 PD의 엄명(?)에 따라 줄곧 그러고 다녔으니 늙은 잉꼬부부(?) 연기 덕에 평소에 느껴 보지 못했던 또다른 체온과 정도 한꺼번에 느껴 보았다.

그리고 또 난생처음으로 연기 지도(?)도 받아 보았다고나 할까. NG는 다른 사람들에 비해 그렇게 많이 내지는 않았다고 칭찬은 들었지만 표정이 너무 굳어 있다, 걸음걸이가 너무 뻣뻣하다, 손을 너무 흔들지 않는다, 말투가 너무 강의 조의 교수티가 난다는 등속의 소리를 수시로 들었다. 잘해 보자는 관심과 호의임에도 나는 적반하장 격으로 슬슬 부아가 나 불평을 늘어놓았다. 1시간 프로에 지루하게도 웬 4박 5일간의 촬영이냐고 볼멘소리를 했더니 모르시는 소리라고 핀잔만 들었다.

약 2시간 짜리 영화 한 편을 찍는데 몇 개월도 걸리지 않느냐는 반문에 나는 그저 입을 다물 수밖에 없었다고나 할까.

그러나 촬영시에는 이런 고생 저런 신경도 써야 했지만 방영되는 날에는 매우 기쁜 일도 있었다. '이유식의 강화'라는 작은 제목이 달려나온 이 프로를 가족들이 함께 보는 자리에서 큰아들 왈, 방송국에서 기념용으로 보내준다는 녹화 테이프를 잘 보관해 두었다가 훗날 나의 기일忌日에 틀어놓고 제사를 올리겠다는 것이다. 순간 참 좋은 생각이다 싶었다. 그도 그럴 것이 영정 하나 달랑 얹어놓는 것보다야 몇 배의 가치가 있다 싶어서였다. 살아 움직이는 부부의 모습에다 생생한 육성도 담겨 있고, 그것도 방송국 제작팀이 4박 5일간 촬영하고 편집을 거쳐 전문 내레이터의 내레이션까지 곁들여 있으니 겸손을 가장한들 금상첨화가 아니랄 수는 없다. 그뿐만 아니라 방영 당일 실시간에 경향 각지에서 걸려오는 반가운 인사 전화도 많이 받으며 참으로 TV의 위력을 실감도 해보았다.

말하자면 강화는 남다른 이런 깊은 연고가 있는 곳이 아닌가! 이곳을 정든 문우들이나 후배들과 함께 다시 찾아 갔으니 더더욱 기뻤고 감회가 새로웠다. 그동안 가보지 못했던 곳도 몇 군데 덤으로 다녀온 것도 큰 소득이었다.

하점면 부근리에서는 사적 137호로 지정된 고인돌 무덤들을 둘러보았다. 청동기 시대의 유적들이다. 한강 이남에서만 보이는 바둑판식(남방식)과 탁상식(북방식)이 함께 분포되어 있는 것을 현장 확인도 했다.

그리고 산비탈 한적한 곳에 초라할 만큼 쓸쓸히 누워 있는 고려 고종의 무덤, 시와 술 그리고 거문고를 너무 즐겨해 삼혹호三酷好 선생이라 자칭할 만큼 성격과 행동이 호방했던 고려 고종 시의 문인 백운白雲 이규보의 무덤, 조선조 후기 근세 실학의 신학풍을 일으킨 이른바 강화학파의 태두 정재두의 무덤을 각각 둘러보았다. 그들의 무덤이 이곳에 있다는 것을 처음 알았다.

이런 무덤들을 둘러보며 특히 이번 여행길에서는 다른 때와는 달리 강화가 역사적으로 한과 눈물과 한숨이 서린 섬이란 것을 일시에 떠올려 보았다.

천연의 요새였기에 몽고군의 침입시는 고려의 왕실과 조정이 이곳으로 옮겨와 40년 동안 곁방살이 같은 신세를 못 면했으니 왕조의 한이 서려 있지 않은가. 이것뿐만이 아니다. 조선조로 와서는 정묘호란 때 인조가 이곳으로 피신을 했고, 약 10년 뒤인 병자호란 때에는 사실은 인조가 강화도로 피신을 오려다 길이 막혀 발길을 돌려 남한산성으로 갔지만 종묘사직의 신주神主와 빈궁 그리고 원손은 이곳에다 피신시켰는데 불행히도 함락을 당한 비운의 땅이 아닌가.

또 서해를 통해 서울로 들어오는 관문이요 초입이라 구한말에는 프랑스군의 배가 들어와 병인양요를 일으켰고, 다섯 해 뒤에는 미국 군함이 들어와 신미양요를 일으켰으며, 4년 뒤에는 일본 군함 운양호가 들어와 이른바 운양호 사건이 촉발되지 않았던가. 힘없는 나라의 서러움과 원통함이 서린 곳이구나 싶으니 못내 가슴이 아팠다.

그런가 하면 왕이나 왕족 아니면 권신들의 유배지였기에 한과 눈물이 서려 있는 곳도 아닌가. 저 멀리는 고려의 개국공신 박술이 장군이 태조가 가고 그 아들 혜종이 재위하고 있을 때 권력 암투의 희생양으로 이곳으로 귀양왔다가 피살되었고, 고려말에는 14세 난 30대 충정왕이 이곳으로 쫓겨왔다가 다시 강릉으로 쫓겨가 살해되었으며, 33대 아홉 살 난 어린 창왕이 역시 이곳에서 살해되었다 싶으니 권력의 비정함을 새삼 느껴도 보았다.

또 있다. 조선조에 들어와서는 안평대군이 형인 수양대군의 왕위 찬탈사건에 휘말려 이곳으로 유배되지 않았던가. 광해군 때에는 능창군이 능창군 왕위 추대사건이란 역모에 연루되었다 해서 이곳에서 귀양살이를 했으며, 역시 같은 광해군 때 여덟 살 난 영창대군이 이 섬에 보내져 밀실에 갇힌 채 죽었으며, 아이러니컬하게도 광해군 자신도 인조반정으로 쫓겨나 이곳에서 죽었고, 중종반정으로 쫓겨난 연산군도 이곳에서 귀양살이를 했다. 또 사도세자의 아들 은언군이 이복형인 정조의 명으로 이 섬으로 옮겨와 살았는데 이 은언군의 손자가 바로 후에 철종이 된 강화도령이 아닌가.

그러고 보면 강화는 한과 눈물과 한숨의 섬이 아닐 수 없다.

강화의 바람결에는 원혼들의 울음이 묻어 있는 듯싶었고, 강물 소리에는 왕조의 한이 들려오는 듯싶었으며, 무심히 흐르는 하늘의 구름 자락에는 유배자들의 한숨과 눈물이 어리어 있는 듯싶었다.

이번의 강화기행이 적어도 나에겐 역사기행으로서도 특별한 의미가 있었다. 거기에다 문학기행, 추억기행까지 겹쳐져 있었으니 어쩌면 삼박자가 맞아 떨어진 기행이었다고 스스로 매김해 본다.

되돌아오는 차내에서 권력 암투의 비정함, 권력의 무상함을 다시 한번 되새겨 보았고 또 연산군과 광해군의 악덕과 악정의 결과가 과연 무엇이었는지도 생각해 보았으며, 덤으로 어떤 자리에 있건 남에게 원한을 사지 말아야 한다는 교훈도 한번 되새겨 보았다.

이래저래 강화는 나에겐 영원히 잊지 못할 추억의 장소요 공간이란 생각이 들었다.

(2002)

간이 커진 세상

우리말에는 '간'과 관련된 비유적 표현이 너무나 많다. '간'과 정신적 반응관계를 두고 임상실험을 해본다면 정말 흥미 있는 연구결과가 나오리라 상상해 본다.

용기나 배짱이 있는 경우를 두고는 '간이 크다.'이고, 반대는 '간이 작다.'이다. 겁 없이 만용을 부릴 때에는 '간덩이가 부었다.'이고, 간사스럽고 약삭빠르기 이를 데 없으면 '간을 빼줄 듯이' '간 빼먹을 놈'이라 한다든지, 자존심을 버리고 산다면 '간을 빼놓고 지낸다.'이다. 답답한 심정이면 '간에서 불이 난다.'이고 놀라거나 겁을 먹었을 때라면 '간이 떨어지고' '간이 오그라 붙고' '간이 콩알만 해진다.'이다.

'간'에 관한 이런 다양한 표현들을 떠올려 보다 보니 문득 '간'과 사회발전이나 문명의 발달과의 함수관계가 생각난다.

한마디로 사회가 발전하면 할수록 또 문명이 발달하면 할수록 비유적으로 말해 모든 생명체의 '간'이 비례적으로 커진다는 사실이다. 사람들의 '간'은 말할 것도 없지만 덩달아 네발짐승이나 날짐승에서부터 벌레나 세균에 이르기까지 모두가 그렇다.

도적도 요즘은 '간이 큰' 도적들이 횡행하고 있다. 지난 시절에는 감히 엄두도 내지 못했던 은행털이, 창고털이, 인삼밭털이, 목장의 소몰이털이가 '내 큰 간'을 보란 듯이 신문을 장식하고 있다. 강도도 '밤손님'이 아니라 '백주의 강도'화 되고 있다. 사기도 대형화되어 남의 임야를 감쪽같이 팔아먹는 일들이 비일비재하다. 살인사건도 너무나도 흉악할 정도로 '간 큰'살인사건이 자주 일어나고 있다. 목숨을 건 폭주족들이 굉음을 내며 간덩이가 부은 채 밤거리를 달리면서 심지어 단속경찰을 조롱하고 있다.

여성의 의상패션도 차츰 간이 커져 심한 노출현상이 남성들의 눈을 심히 괴롭히고 있다. 여성의 속살이 그대로 내비치는 이른바 '시스루룩See-Through-Look'의 유행, 아슬아슬한 핫팬츠의 착용, 침실에서나 입을 법한 속옷의 유행, 민망할 정도로 짧은 미니 스커트, 배꼽티, 남성들의 시선을 감질나게 하는 슬릿스커트slit skirt의 유행 등이 모두 그렇다.

그런가 하면 셔츠의 단추를 서너 개씩 풀어헤치고 당당히 활보하는 여성들이 해가 갈수록 더해 가고 있고 또 티셔츠와 니트의 V자형이나 라운드형 목선은 그 어느 때보다 아래로 깊이 파여 있어 가히 유혹적이다. 또 스판소재의 티셔츠나 블라우스로 보는 이의 시선을 오로지 가슴 쪽으로 집중시키는 의상의 유행은 불룩한 내 젖가슴을 봐달란 듯이 남성들의 눈을 도전해 오듯 압박하고 있다.

가만히 생각해 보면 오늘날 성폭력이 크게 사회문제로 자주 거론되는 데에는 그 직접적인 원인 제공이 물론 남성들이나 디자이너들에게도 있겠지만 수요와 공급의 원칙에서 보면 섹스 이미지 강조의 의상을 즐겨 입는 여성들에게도 그 간접적인 책임도 있다.

성폭력이라면 강간이나 강간미수에 그친 강제행위를 말하는 '성폭행'이 있고, 완력이나 협박 등 물리적 힘을 이용해 은밀한 부위를 만지는 '성추행' 그리고 신체접촉이나 음란한 농담으로 성적 굴욕감을 주는 '성희롱'이 있다.

여기서 일단 '성폭행'은 열외로 하더라도 적어도 '성추행'이나 '성희롱' 같은 것은 일시적 충동에서 일어날 수 있는 일인만큼 성적 충동을 자극할 만한 섹스 이미지 강조 의상은 남성들의 성적 욕구를 시각적으로 부채질하고 있는 셈이다. 그렇다면 노상 성폭력의 책임을 남성에게만 돌릴 일이 아니라 여성들에게도 응분의 책임이 있다는 뜻이 된다. 견물생색심見物生色心이 바로 이 경우에 적용된다고 볼 때 '간 큰' 섹스 이미지 강조의 의상은 재고되어야 하리라 본다.

사람들만 '간이 커'진 것이 아니다. 날짐승도 간이 커졌다.

참새 떼들도 간이 커져 웬만한 소리에는 꿈쩍도 않는다. 지난 시절, 벼논의 새 쫓기를 할 때 대로 만든 '딱딱이'이나 아니면 '훠어이 훠어이' '후~여~후~여~.'라는 고함소리로도 새를 잘도 쫓았으나 이제는 소리에 중독이 되어서인지 화약총을 쏘아 올리지 않으면 안 될 지경이 되었다.

산림이나 농작물의 해충들도 그렇다. 내성이 생겨 간이 커졌다. 방제약이 해가 가면 갈수록 고단위로 독성화 되고 있다. 가령 벼멸구만 해도 지난 시절에는 논에다 석유를 뿌려 주기만 하면 피해를 막았는데 이제는 석유로는 어림도 없다.

또 바이러스균만 해도 그렇다. 지난 시절에는 감기몸살이 났다면 소주에다 고춧가루를 타서 마시거나 아니면 꿀물이나 설탕물을 마시고 치한을 하며 하룻밤만 자고 나면 만사형통이었다. 그런데 이제는 병원 신세를 지지 않으면 속수무책이다.

이 모든 현상들은 중독이나 내성이 생기면 생길수록 '간이 커진다.'라는 증거다. 그렇다면 중독이나 내성을 어떻게 최소화할까, 바꾸어 말해 간 커짐을 어떻게 억제할까가 바로 현대 문명사회의 큰 과제가 아닐까 싶다.

간은 작을수록 좋다. 특히 간 큰 남자, 간 큰 여자들이 많으면 많을수록 우리 사회는 시끄럽다. 문제가 많아진다. 〈별주부전〉의 토끼처럼, 간을 빼놓고 산다 할 필요야 없겠지만 마음으로 간이 부어 커졌다면 간경화증 치료를 받을 필요가 있지 않을까?

(2001)

대大자 병의 반성

언제부터라고 딱 잘라 말할 수는 없지만 그동안 우리 한국인들은 유별나게 큰 것만을 선호하는 경향이 있어 왔다.

서양인들에 비해 체구가 왜소하고 또 땅덩이마저 작아서 그랬을까? 아니면 오랜 세월 동안 외세의 침략을 받아왔던 약소민족으로서의 서러운 한풀이나 또 아니면 그 보상심리에서 나온 것일까?

우선 회사명이나 상호, 사람 이름을 보아도 큰 대大자를 선호하는 경향이 있다. 회사나 사업장이 앞으로 크게 번창하고 사람이라면 앞으로 큰 사람이 되라는 작명상의 소망이 깃들어 있다고 일단은 이해할 수 있지만 달리 보면 너무 큰 것만을 탐하는 과욕이 숨어 있다고 보아도 큰 무리는 없을 것이다.

어디 이런 것뿐이랴. 공원을 하나 만들거나 다리를 하나 놓더라도 허다한 좋은 이름이 있을 법한데 그냥 큰 대大자를 불쑥불쑥 갖다 붙인다. 앞으로 보다 더 큰 공원이나 다리가 생긴다면 또 어쩌란 말일까. 그리고 무슨 행사만 있다 하면 '○○대회', '○○대축제', '○○대특매'고, 선거에서도 통령統領아닌 대통령을 뽑으니 '대선'이 아닌가. 아무튼 큰 대자 홍수 속에 살고 있는 형국이다.

결국 이런 큰 대자 선호심리는 또 다른 심리적 메커니즘을 유발시키고 있다는 점을 결코 간과할 수는 없다. 그것이 바로 '큰 것' 선호심리다.

학교도 꼭 큰 학교(대학)를 나오지 않으면 안 되는 것으로 알도록 유형, 무형으로 충동질하고 있다고나 할까. 그래서 능력보다는 학력 위주의 큰 간판을 붙이고 보자는 생각이 만연되어 있다. 이래서 입시철만 되면 가히 전쟁을 방불케 했고 또 과외비가 이웃 일본의 3~4배에 달하고 있다 하지 않는가.

아파트도 소형은 인기가 없다. 대형이 나오면 그저 사람들이 개미 떼처럼 몰려든다. 자기 분수나 가족 수에 걸맞은 아파트가 아니라 우선 크고 보자는 것이다. 치부의 한 방편이란 계산도 있긴 하겠지만 큰 아파트에 살고 있다는 자기현시 심리도 크게 작용하고 있다.

이런 현시심리 내지 과시심리는 차 구입이나 가전제품의 선택에서도 잘 드러난다. 소형보다는 중형을, 중형보다는 대형을 선호하거나 선망하고 있다. 냉장고, 세탁기, 에어컨, TV 등도 소형이라면 아예 거들떠 보지도 않고 있으며, 자가용도 소형이라면 푸대접이다. 독일의 폭스바겐이 국민차가 되었듯이 지금 국내에서 개발 생산하고 있는 소형차가 은연중 국민차로 확산되었으면 하는 바람이야 있겠지만 단지 그림의 떡일 따름이다. 음식점이 들어서도 대형 음식점이 생겼다고 자랑이 대단하며, 교회도 대형 교회를 만들기 위해 가히 혈전을 벌이고 있다.

이렇듯 큰 대자 선호, 나아가 큰 것 선호심리에는 허세와 자기과시 심리가 깔려 있기 마련이고, 이것은 곧 간판주의나 물량주의 그리고 겉치레 문화를 조장시키는 주범이 되고 있다 해도 과언이 아니다.

가만히 생각해 보면 IMF의 시련도 크게 보아 우리가 그동안 실속 없이 큰 것만을 너무 좋아한 데서 비롯되었다 해도 무리가 없다. 그 처방의 하나로 내놓았던 기업구조조정이란 것도 결국 따지고 보면 큰 대자를 너무 좋아했던 기업의 경영 마인드에 있었다 하겠다. 작으면서도 탄탄한 회사는 성이 차지 않아 힘이 없으면서도 무작정 확장시키고 또 문어발식 경영으로 기업의 몸체만 불려 나가다 보니 국내외 자본을 마구잡이로 갖다 쓴 결과다. 중소기업은 하루아침에 재벌회사가 되고 싶었고, 재벌회사는 또 대재벌이, 대재벌은 대대재벌이 되고 싶었기 때문이 아닌가.

이제 우리는 큰 것보다는 작은 것, 외화내빈보다는 외빈내

화의 실속을 차려야 할 때라고 여겨진다. 앞으로도 우리가 실속 없이 큰 것만 찾고 물량주의나 겉치레의 겉멋만 부린다면 또다시 IMF위기를 맞지 않으리라는 보장은 없다.

분수에 맞는 크기의 나라살림, 분수에 맞는 개인생활, 분수에 맞는 기업경영이 존중되어야지 무조건 크다고 좋은 것은 아니다라는 사실을 뼈아프게 반성해 볼 필요가 있다.

"작은 고추가 맵다."는 속담의 교훈을 타산지석으로 삼아 볼 일이다. 그리고 '작은 것이 더욱 아름답다.'라는 의식의 전환과 그 실천적 노력도 있고 볼 일이다.

(2001)

'출세'의 참 의미

내년이면 남명 조식 선생 탄신 500주년이 된다. 평생을 처사로서 학문과 제자 가르치기에 몸 바친 그 유덕은 오늘을 사는 우리에겐 시사하는 바가 많다.

오늘날 흔히 우리가 말하는 출세관의 개념에 대한 반성도 해보는 계기가 되며 또 살아서 당대의 광영은 무엇이며 죽어서도 영구한 광영은 무엇인지 또 더 나아가 정신적, 문화적 유산의 중요성도 새삼 반추해 볼 수 있는 계기가 되고도 있다.

'출세'의 사전적 풀이는 '좋은 자리에 올라 잘됨'이라고 되어 있다. 그러다 보니 이 말은 어떤 권력 있는 지위나 높은 직위 또 큰 부자가 되었을 때에만 곧잘 쓰이는 것 같다. 가령 어느 누가 국회의원이나 장관, 장군이나 총장 또는 판검사가 되었다 하면 부러운 듯 '출세했군.'이라 한다. 또 나이에 비해 상대적으로 일찍 승진했다 하면 역시 '출세했군.'이다. 이뿐만 아니라 빌딩 사장이나 큰 회사의 사장, 회장이 되었다면 역시 '출세했군.'이다.

그러나 상대적으로 어느 누가 교수나 박사가 되었거나, 이름 있는 작가나 도예가, 서예가가 되었다거나 또는 어느 누가 국전에 당선되었다 하면 '출세'란 말의 사용에는 은연중 완강한 거부감을 보인다. 그저 '잘되었군.' 정도에서 끝난다.

이는 단적으로 권력 지향적, 직위나 지위 지향적, 부 지향적 가치관에서 비롯된 관습적 말버릇이요, 입버릇이 되어 있다는 증거다. 하나 냉정히 한번 뒤집어 생각해 보면 꼭 그런 것만이 출세가 아니란 점이 금방 드러난다. 그것은 좁은 개념이요 적용이지 크고 넓은 개념은 결코 아니다.

가령 조선왕조 500년 동안을 한번 생각해 보자. 영의정, 좌의정, 우의정 이른바 삼상三相의 자리에 오른 사람은 366명이다. 평균 한 자리에 122명이 거쳐간 셈이다. 그래서 영상의 재임 기간을 평균 5년으로 보면 대충 잡아 100여 명이 그 자리에 올랐다고 상정해 볼 수 있다.

그런데 일반 지식인의 입장에서 막상 생각나는 사람은 불과 10여 명 안팎이다. 태조조에 영상급의 지위에 오른 정도전을 비롯하여 정인지, 신숙주, 최명길, 유성룡, 이항복이 쉽게 떠오르고, 그다음 다시 곰곰이 생각해 보면 황보인, 한명회, 박원종, 윤원형 정도가 떠오른다.

그러나 다음과 같은 학자나 문인들은 먹물만 좀 들어갔다고 하면 누구나 기억하고 있다. 문인 쪽을 보아 그들이 올랐던 최고 관직을 보면 정1품 좌의정의 송강 정철, 정3품 동부승지의 고산 윤선도, 종4품 수군만호의 노계 박인로, 정2품 좌참찬의 교산 허균, 정2품 대제학의 서포 김만중, 종3품 부사의 연암 박지원 등을 들 수 있다. 그리고 학자 쪽을 보면 종1품 좌찬성의 회재 이언적, 종2품 대사성의 주세붕, 정2품 대제학의 퇴계 이황, 정2품 대제학, 우참찬, 판서를 지낸 율곡 이이, 정3품 대사간의 고봉 기대승, 정1품 좌상의 우암 송시열 등을 들 수 있다.

문인이건 학자였건 이들 모두는 관직 때문이 아니라 그들이 남긴 글(문학)이나 학문세계로 말미암아 후세에 길이 남고 있다. 영의정을 지낸 사람은 한 사람도 없다. 문인 쪽은 정철, 학자 쪽의 송시열만이 그나마 좌상을 지냈다. 그렇다면 100여 명의 조선조 영의정을 불과 10여 명 안팎 기억하고 있는데 그보다도 낮은 관직에 올랐던 사람 모두를 우리가 지금 기억하고 있는 것은 다름 아닌 그들이 남긴 정신적, 문화적 족적이나 유산 때문이라는 점은 쉽게 드러난다.

남명 선생의 경우도 마찬가지다. 선생은 중종조에 1번, 명종조에 5번, 선조조에 1번 도합 일곱 번이나 관직을 제수받았다. 그러나 작정한 자기완성의 길이 있기에 모두 물리쳤다. 선조조에 내린 정4품 전첨이란 벼슬은 예외로 하고 가령 명종 재위시 선생 연치 54세 때에 내린 종6품 단성현감 자리를 덥석 받았다고 가정해 보자. 아니 사후 선조 조에 추증한 정3품 대사간 자리까지 올랐다고 가정해 보자. 아니 더 나아가 광해군 때에 추증한 영의정 자리까지 또 올랐다고 보자. 명상名相이 되지 않는 한 선생을 기억할 사람은 밥의 뉘일 것이다.

그러나 벼슬을 마다하고 오로지 일생을 학문과 제자 기르기에 전념한 그 결과가 다름 아닌 오늘의 남명을 있게 한 그 근거다. 이것이 바로 정신문화의 가치요 존귀성이다.

사실 우리는 이런 점을 너무 간과하고 현실의 실리주의에서만 생각해 누가 큰 자리를 하나 얻거나 부자가 되었다면 '출세했다'고만 해왔다. 그것은 지나고 보면 '반짝 출세'요 '반짝 광영'이니 모두가 문자 그대로 화무십일홍이다. 부나 직위, 권세란 당대의 일시적 사유재산에 지나지 않는다.

그러나 학문이나 예술 기타 정신문화는 공유재산이요 공유유산이 되기 때문에 영속성이 있다. 당대의 일시적 출세의 길과는 달리 오히려 영구한 출세의 길이 바로 여기에 있다 하겠다.

사실 출세 개념의 범주에 드는 당대의 직위란 물러나면 그만이다. 대통령도, 장관도, 국회의원도 물러나면 '전'이고 '총장'도 물러나면 '전'이다. 그러나 정신문화나 예술문화의 타이틀은 '전'이 없다. 여기서 비록 보잘것없었던 본인의 조그마한 감투였지만 한국문인협회 부이사장 자리를 물러나니 '전'이다.

그리고 얼마 있지 않아 교수직도 물러나면 '전'이 될 것이다. 그러나 현재 본인에게 늘 따라다니는 문학평론가 겸 수필가란 타이틀은 지금은 물론 죽어서도 '전'자가 붙지 않는 그 타이틀 그대로일 것이다.

그렇다고 권력이나 직위 또는 부를 평가절하하자는 논리는 결코 아니다. 그런 면도 물론 존중되어야 하겠지만 가령 정신적 작업이나 문화예술에서 상당한 업적을 쌓고 또 그럴 가능성이 있다면 당연히 '출세했다'는 외경심을 동등히 가져야겠다는 것이 본인의 속뜻이다. 지금은 힘없고 별 볼일 없는 것 같은 그들의 노력과 업적들이 오히려 후세에 정신적 유산이나 문화적 유산으로 남을 수 있다는 사실을 다시 한번 상기해 볼 필요가 있다는 뜻이다. 그들에게 '기氣'를 심어주어야 할 일이다. 그래야만 그들도 살맛이 생길 것이고 또 더욱 더 자부심을 갖고 자기 일에 충실하려고 노력할 것이다.

알다시피 15세기 이태리 문예부흥운동이 돈 많은 메디치가家의 적극적 보호 아래 꽃이 피지 않았던가. 만약 메디치가의 사람들이 거부로서만 만족했다면 오늘날 '르네상스'란 말은 역사에서 아예 찾아볼 수 없게 되었을 것이다.

한마디로 정신문화나 예술문화에 종사하는 사람들을 당대에 '반짝 출세'한 사람들 못지않게 귀히 여기고 존중해야 할 것이다.

그래야만 앞으로 제2의 남명이, 제2의 고산 윤선도가, 제2의 추사 김정희 같은 사람들이 더 많이 태어나 우리의 정신문화나 예술문화를 더욱 살찌우게 될 것이다.

(2000)

불우의 천재 조각가, 카미유 클로델에게

카미유 클로델이여, 당신이 한 많은 이 세상을 떠난 지 올해로 어느새 64년이 흘렀습니다. 내가 당신의 이름을 처음 알게 된 것이 지금부터 50여 년 전 일이었으니 당신이 저 세상으로 떠난 지 십수년이 지나서였답니다. 새파란 젊은 대학시절 문학도로서 말라르메, 장 콕토, 폴 발레리, 폴 클로델을 알기 시작할 무렵이었습니다. 당신의 네 살 손아래 동생으로 프랑스 시단의 큰 별이었던 폴 클로델에 관해 공부하면서 당신이 천재 조각가였다는 사실을 처음 알게 되었답니다.

나는 그 후 당신에 관해 더 이상 알려고도 하지 않았는데 1990년대에 들어와서 당신의 생애를 담은 프랑스 영화 〈카미유 클로델〉을 보고 비로소 깊은 관심을 갖게 되었고, 그 뒤 당신에 관한 전기까지도 구입하여 읽어보았답니다. 영화와 전기를 통해 나는 한 남성으로 당신의 기구한 생애에 동정도 많이 해 보았습니다.

카미유 클로델이여, 당신과 로댕과의 만남은 참 운명적이구나 싶었습니다. 당신의 나이 20세이던 1885년에 당신은 프랑스 예술가 살롱전에 '젊은 여인상'을 출품했다지요. 이것이 그 당시 최고의 조각가인 로댕의 눈에 띄인 것이 계기가 되어 곧 그의 제자가 되었는데 그때 로댕은 이미 44살의 중년이었지요. 밤낮 같이 있다 보니 자연 제자에서 연인으로 바뀔 수밖에 없었던 그 정황은 쉽게 이해는 될 법합니다. 더욱이 로댕은 한때 자기의 모델이었던 로즈 뵈레와 결혼은 안한 채 20여 년간 동거해 온 처지이니 권태도 날 만한 시기가 아니었던가요. 로댕이 당신을 만나고 또 당신에게서 젊음의 기氣와 예술적 영감까지 얻을 수 있었고 당신 역시 스승으로 존경하고 있었으니 제자에서 연인으로의 이행은 불을 보는 듯합니다.

그런데 참 운명적이구나 싶은 일이 또 하나 더 있군요. 로즈 뵈레가 로댕을 만났을 때가 20세였다지요. 그때 당신이 태어났고 다시 이십 년 후 로즈처럼 당신이 로댕을 만났으니 말입니다. 이렇게 출발부터 예사롭지 않은 삼각관계였으니 어찌 로댕을 향한 당신의 순수한 사랑이 오래 지속될 수 있었겠습니까. 숨은 사랑이 아니라 떳떳한 사랑, 아니 떳떳한 부부관계까지도 생각해 보았겠지만 로댕이 로즈와의 끈끈한 정을 끊지 못하고 있었으니 그 얼마나 자존심이 상했겠으며, 그 얼마나 답답한 심정이었겠습니까.

그리고 카미유 클로델이여, 이런 일들만이 아니지요. 당신은 참 불행한 시대에 태어난 조각가였다오. 조각예술이 남성의 전유물이었던 시대라 아무도 여성 조각가의 길로 들어서지 않으려던 19세기 후반에 조각가의 길로 들어섰으니 많은 홀대를 받았을 게고 또 예술적 가치까지 폄하당해야 했으니 오죽이나 자존심이 상했겠습니까. 비평가들로부터 무책임한 험담도 들었죠. 당신의 걸작품들이 한때 로댕의 제자였다는 이유만으로 로댕의 영감과 충고에 의해 만들어졌다고까지 떠들어댔으니 말입니다. 후일 미술사가들로부터 당신이 오히려 로댕에게 많은 영향을 끼쳤으며, 당신의 작품이 로댕을 앞서는 면이 있다는 평가를 받았으니 그런 험담에 대한 보상은 충분히 받았다 싶습니다.

카미유 클로델이여, 당신의 전기를 읽고 당신의 속사정을 알았을 때 나는 왜 당신이 정신착란을 일으켜 미친 사람과 같은 생활이나 행동을 했는지 충분히 이해가 되었다오. 로댕과의 파국으로 차츰차츰 내면세계가 허물어져 갔고 또 작업실을 뛰쳐나와 독자의 삶을 살 때 당신의 작품은 팔리지 않는 대신 로댕은 최고 훈장인 레지옹 도뇌르를 받고 미술협회 회장이 되니 더욱 명성을 누리면서 작품들이 날개 돋친 듯 팔려나가는데 역으로 당신은 지독한 가난 속에서 살아야만 했지 않았나요. 로댕의 이름으로 팔려나간 작품 중에는 당신이 만들어 그가 사인을 했던 것들이 상당수 있었다니 분통도 터질 법했겠습니다.

사회적인 냉대와 가난, 그리고 로댕을 향한 질투, 이런 것들이 드디어 증오와 자학 그리고 광기로 변하다 보니 가혹하게도 정신병자 취급을 받게 되었다지요. 1913년 3월 13일, 당신에겐 운명의 날이 왔습니다. 정신병원에 감금되어 정신병자 아닌 정신병자 생활을 했다지요. 당신은 멀쩡한 정신으로 당당히 자유를 요구도 했지만 번번이 묵살당하기만 했고 또 당신에게 도움을 줄 만한 로댕은 물론 전형적인 부르주아 가정의 가족들조차 체면을 내세워 등을 돌렸다 했지요. 참 기구한 운명이요, 기구한 팔자이긴 합니다. 20세에 로댕을 만나 예술혼을 불태우면서 그런 나름으로 행복한 세월을 보냈다 싶은데 헤어져 약 15년간은 절망의 시기였다 여겨집니다. 그 후 30년간을 정신병원에서 보냈다니 기구한 운명이라는 말 이외에 달리 다른 말을 찾을 도리가 없군요. 당신은 1864년에 태어나 80여 세가 되는 1943년 그러니까 내 나이 다섯 살 때 이승을 떠났으니 속설로 고래심줄 같은 끈질긴 목숨의 아이러니를 보는 듯합니다.

카미유 클로델이여, 생각해보니 아이러니하다 싶은 일이 또 있군요. 당신이 갇힌 지 4년이 지나 당신이 그토록 싫어했던 로즈와 로댕이 53년간의 오랜 동거생활을 끝내고 1917년에 보란 듯이 결혼식을 올리지 않았습니까. 그런데 당신의 원한이

미쳤는지 2주일 후 로즈가 그만 폐렴으로 죽고 또 몇 달 안돼 뒤이어 로댕마저 77세에 죽었다지 뭡니까. 그러니까 그들이 저 세상으로 떠나고 당신은 26년이란 세월을 쓸쓸히 또 고통스럽게 살다 간 셈이군요.

카미유 클로델이여, 이제는 당신의 예술작품에 대해 조금 말하고 싶습니다. 예술가는 때때로 자기 작품 속에 자기의 소망이나 꿈 그리고 미움까지도 의식적이건 무의식적이건 표현한다지요. 당신도 역시 예외는 아니었어요.

1981년에 내가 난생처음으로 파리에 들렀을 때 당신의 여러 작품을 눈으로 직접 감상할 수 있었던 기회가 있었답니다. 당신의 대표작 중의 하나인 하얀 석고상 '사쿤타라Sakuntala' 말입니다. 마술에 걸려 눈멀고 말 못하는 여인 사쿤타라가 남편과 재회하는 그 모습에서 로댕과의 사랑에 빠진 당신의 숨결을, 당신의 마음을 읽어 볼 수 있었답니다. 그리고 1893년도 작인 〈성숙〉이란 청동제 작품은 한 남자가 완전히 노파의 수중에 들어가 있고, 젊은 여성은 웅크린 채 허공을 향해 양팔을 헛되이 뻗고 있는 조각상이었죠. 이러한 모습은 당신과 로댕과의 관계가 드디어 변화하고 있음을 단적으로 표현하고 있었지요. 젊은 당신을 버리고 늙은 로즈에게 이끌려 가는 로댕에게 떨어지지 않으려는 심정을 애절하게 표현했다지요. 그런가 하면 1899년 살롱전에 출품했던 '인생여정'이란 작품에서는 한 여인이 저승사자로 표현된 로즈에게 끌려가는 로댕을 향하여 팔을 뻗고 있는 모습을 통해서는 당신이 이젠 로댕을 완전히 잃었음을 표현하고 있었지요.

카미유 클로델이여, 이 세상에서 이런 저런 온갖 쓰라리고 힘든 경험을 다한 당신은 지금 저 세상에서도 여전히 혼자 살고 있는지 궁금하답니다. 아니면 살아서 생전에 한때나마 당신이 그렇게도 갈망했던 부부의 연을 로댕과 맺고 새로운 삶을 살고 있는지요. 또 이것도 아니라면 로댕과 로즈가 금실 좋게 살고 있다는 소문이나 들으며 가슴아파하며 한숨만 노상 내쉬고 있는지 어떤지 궁금하답니다.

카미유 클로델이여, 이 세상에서는 비록 불우한 인생을 살았고 또 당대에는 로댕에게 가려 큰 빛을 보지 못하면서 여성 조각가라는 이름 때문에 노상 폄하만 당했지만 당신이 남기고 간 작품들은 길이 빛나고 있습니다. 당신을 통해서 '인생은 짧고 예술은 길다.'라는 말을 실감하고 있습니다.

안녕히 계십시오. 언젠가 내 자신도 참 외롭구나 싶을 때 또 편지 드리겠습니다.

(2007)

다시 고향 땅을 밟으며

옥종은 비록 내가 태어난 곳은 아니지만 30여 년간의 연고가 있는 곳이다. 유년기도 보냈고 초등학교 시절의 소년기도 보냈다. 엄밀히 말해 요람기의 연고만이라면 태생지일 뿐 고향이랄 수는 없다. 아무 생각도 없는 젖먹이 시절이 아니라 유년 시절이나 더 나아가 청소년 시절의 추억 같은 기억들이 심어져 있는 곳이 바로 고향이다.

그런 의미에서 옥종은 나의 실질적인 고향이지만 내가 장남 겸 종손이라 삶의 터전을 따라 1972년도에 솔가하여 서울로 이사를 오고 보니 부끄럽지만 서너 번 다녀온 것이 고작이다. 나의 속사정을 잘 모른다면 '버린 고향'이라 할 만하다.

실제로 가까운 인친척이라곤 한 집도 없고 또 거기에다 윗대를 모셔놓고 있는 선산도 없다 보니 그랬다. 혹시 경조사가 있다거나 아니면 성묘차 들를 경우라도 있었다면 달라졌을 것이다. 한양 천릿길이라 별다른 목적 없는 순수한 방문은 여간 쉽지 않았다. 초등학교 동창모임과 지나는 길에 두세 번 들른 것이 전부였다. 그래서 근년에 일부러 한번 계획을 세워 다녀온 적이 있다. 정말 뜻있는 방문이었다.

나는 2002년 10월에 열렸던 제2회 평사리 토지문학제에 초청되어 〈문학작품 속에 나타난 하동의 地誌學〉이란 제목으로 개막강연을 한 바 있다. 이것을 계기로 2004년부터 2006년까지 3년간 문학제 추진위원장을 맡게 되었는데 2006년도 행사에는 내가 이끌고 있는 서울 '청다문학회' 회원과 옥종 출신의 서울 '옥우회' 몇몇 회원들과 함께 전세 버스를 이용하여 1박2일 일정으로 참가할 수 있는 기회를 마련해 보았던 것이다. 그 길에 옥종을 다녀오자는 계획이었다.

출발 이틀 전에는 김재권 옥종면장에게 미리 전화를 해두었다. 서울의 문인 일행이 행사에 참여한 후 이튿날 오후 옥종에 들렀다가 산청을 거쳐서 서울로 돌아올 계획이라고 알려주었더니 고맙게도 방문을 환영하겠다는 퍽 반가운 목소리였다.

아니나 다를까 늦은 오후 개막식 행사장에까지 일부러 면장이 우리를 만나러 왔었다. 잠시 내일 스케줄을 이야기했더니 기꺼이 마중까지 나와 안내도 하겠다는 것이다.

이튿날 우리 일행은 점식식사를 마치고 곧바로 옥종으로 향했다. 또 고맙게도 멀리까지 미리 마중을 나와 우리를 기다리고 있었다. 옥종에 도착해서는 뒤에 안 사실이지만 나의 초등학교 후배인 최재만 부면장도 마중나와 주었다.

지나가는 길의 방문이라 시간이 넉넉지 않아 아쉽지만 두 곳만 들르기로 했다. 그러자 일행 중 몇몇 분이 일부러라도 문학단체에서 '작가의 고향'을 문학기행도 하는 판국에 다른 곳은 놔두고서라도 나의 옛집은 꼭 방문해 보아야 이번 기행의 또 다른 뜻도 있다고 했다.

그래서 나의 고향 마을 바로 앞에 있는 이름난 정자인 '하한정'夏寒亭이란 곳에 들러 주변 경관도 둘러보고 곧바로 나의 옛집으로 올라갔다.

문득 고향의 마을 땅을 밟고 있구나 싶으니 만감이 서려오기 시작했다. 이곳에서 뛰놀던 소년이었던 내가 어느새 머리에 흰 서리가 내려앉은 중늙은이가 되었구나 싶으니 세월이 야속하다 싶었다. 또 청소년 시절, 미래의 여러 가지 풋꿈을 품어보았던 내가 결국은 글쟁이 겸 교수로 낙착되어 돌아왔구나 싶으니 참 미래의 일이란 아무도 점칠 수 없는 일이 아닌가도 싶었다. 또 금의환향이라면 얼마나 좋았을까 하는 실없는 상상도 해보았다. 그러나 이렇게라도 천리 밖에서 내로라 하는 문인들과 그중 전직 장관 출신도 두 분이나 동참해 주었구나 싶으니 그나마 위안은 된다 싶었다.

이 생각 저 생각을 하며 걸어오다 보니 어느새 나의 집에 다다랐다. 집을 둘러본 일행들의 말도 조금은 위안이 되었다.

산자수려한 곳에 터를 잡았다는 것이다. 뒤쪽으로 완만한 능선을 자랑하며 옥산봉이 우뚝 솟아 큰 병풍처럼 마을을 감싸주고 있고, 왼쪽으로는 마치 쭉 편 팔처럼 뻗어내린 산자락 끝에 똥뫼처럼 하한정이 떠있고 더 멀리는 마치 앞 병풍인 양 미산美山이란 작은 마을이 그 뜻처럼 그림같이 감싸고 있으니 그런 말이 필시 나옴직하다 여겼다.

그러나 나는 건성으로만 그런 말을 흘려들으면서 한편으로는 약간 비감에 젖기도 했다. 할아버지께서 일제 말기에 명당을 찾아 이곳 저곳을 둘러보신 다음 이곳에다 제법 큰 공사로 몸채와 사랑채를 지어놓으시고 이렇다 할 큰 영광도 보시지 못하고 얼마 지나 일찍 돌아가시고 또 곧이어 설상가상으로 6·25때 아버지마저 떠나보냈구나 싶으니 가슴이 못내 아파왔다.

그러나 속으로만 아픈 가슴을 달래며 그다음 우리는 곧바로 차를 타고 얼마 멀지 않은 곳에 있는 정수리 마을의 불소유황온천으로 향했다. 장거리 여행으로 모두들 피곤도 하실 테니 몸이나 풀고 가시라는 면장의 깊은 배려요 호의였다. 이 온천은 1998년도에 개장하여 국내 최고의 알칼리 온천수로 이름이 나있다.

그런데 도착을 하고 보니 우리를 놀라게 한 일이 있었다. 온천장 앞 길가에 옥종면민 일동 이름으로 우리 일행의 방문을 환영한다는 현수막이 보란 듯이 걸려 있지 않는가. 현수막 환영도 받는다 싶었는지 일행들의 얼굴이 한층 상기되었다. 애초부터 고향 방문을 스케줄에 잡아 놓길 참 잘했구나 싶었다.

목욕을 마치고 귀경길에 오르려는 순간 4kg짜리 옥종 '어머니쌀'을 선물까지 받았으니 모두들 더욱 황공스러워 했다. 즉석에서 답례로 미리 준비해 간 나의 책 몇 권을 기념으로 면장에게 전달했다.

돌아오는 차 속에서 몇몇 분이 이번 방문에서 느낀 소감을 한마디씩 말해 주었다. 이런 기회가 아니라면 악양 땅과 옥종 땅을 밟기가 여간 쉽지 않을 것이고 또 진심어린 환영도 받았으니 참 좋은 여행이었다는 평도 들었다. 순간 쌓인 피로가 어느새 가시는 듯했다.

(2008)

■ 작가연보

1938년 경남 산청군 신안면 출생, 성장지 하동 옥종

학력

1951년 옥종초등학교 졸업

1957년 진주중·고등학교 졸업

1964년 부산대학교 영어영문학과 졸업

1983년 한양대학교 대학원 국어국문학과 졸업

1988년 세종대학교 대학원 국문학과 박사과정 수료

경력(일반)

1964년 월간 ≪세대≫지 편집기자

1966년 부산 항도교(현 가야고) 영어교사

1970년 서울에서 외국어학원 운영(8년간)

1979년 한국관광공사 교육원 교수(2년간)

1981~1986년 서울여대, 한양대, 세종대 강사

1983~2004년 배화여자대학교 교수

1997년 강남문화원 창립이사/
배화여대 교수협의회 초대회장

2004년 청다한민족문학연구소 개소 및 소장 취임

2008년 덕성여대 평생교육원 수필반 교수
2013년 합천 이씨 전국중앙종친회 고문

경력(문단)

1961년 ≪현대문학≫지의 평론 완료추천으로 데뷔
1983년 한국문인협회, 한국문학평론가협회 이사
1983년 제3회 한국문학평론가협회 세미나 주제 발표 이후,
현재 각 문학단체의 주제 발표 40여 회
1989년 한국문인협회 평론분과 회장, 국제펜클럽 이사
1992년 제3회 한국문협 해외 세미나(카자흐스탄 알마아타)
에 한국측 대표 주제 발표
1993년 ≪수필문학≫지 상임편집위원장
1994년 한국문학비평가회 창립회장
1995년 한국문인협회 부이사장
1996년 서울 강남문인협회 창립회장
1997년 제8회 한국문협 해외 한국문학 세미나
(캐나다 토론토) 한국측 대표 주제 발표
1999년 한국문학비평가협회 명예회장
2004년 하동 평사리토지문학제 제4회~6회
추진위원장
현재 한국문인협회 고문, 한국문학비평가협회 고문,
한국예술평론가협의회 고문, 강남문인협회 고문

저서

1982년 평론집 ≪한국소설의 위상≫(이우출판사)
1989년 수필집 ≪벌거벗은 교수님≫(창우사)
1992년 수필집 ≪노래≫(문학아카데미)
1993년 수필집 ≪그대 떠난 빈자리의 슬픔≫(장원)
1994년 평론집 ≪우리문학의 높이와 넓이≫(교음사)
1996년 평론집 ≪오늘과 내일의 우리문학≫(박이정)
1997년 평론집 ≪흘겨보기와 예쁘게 보기≫(박이정)
1998년 평론집 ≪전환기의 새로운 길 찾기≫(박이정)
2000년 수필선집 ≪찻잔 너머의 여자≫(교음사)
2001년 수필집 ≪내 마지막 노을빛 사랑≫(문학관)
2002년 평론집 ≪한국문학의 전망과 새로운 세기≫(국학자료원)
2003년 평론선집 ≪반세기 한국문학의 조망≫(푸른사상사)
2007년 수필집 ≪세월에 인생을 도박하고≫(문학관)
2008년 평론집 ≪변화하는시대 우리문학 엿보기≫(푸른사상사)
수필집 ≪옥산봉에 걸린 조각달≫(한누리미디어)
수필선집 ≪남자 뺨을 때리는 여자들≫(소소리)
2009년 평론집 ≪새로운시대수필이론다섯마당≫(교음사)
2011년 수필집 ≪이유식의 문단수첩 엿보기≫(청어)
2016년 수필집 ≪새로운 장르, 새로운 수필의 향연≫

(수필과비평사)

수필집 ≪문단 풍속, 문인 풍경≫(푸른사상사)

2017년 평론집 ≪우리시대 대표시 50선 평설〉(한누리미디어)

이 외에 평전, 편저도 다수

수상

1971년 제16회 현대문학상

1983년 제2회 한국문학평론가협회상

1997년 제11회 예총 예술문화 대상

1998년 제10회 남명(조식)문학상 본상

2002년 제39회 한국문학상

2016년 제36회 한국예술평론가협의회 예술평론 공헌상 등 다수

현대수필가 100인선 Ⅱ · **41**
이유식 수필선

구름에 인생을 그려 본다

초판 인쇄 2017년 3월 5일
초판 발행 2017년 3월 10일

지은이 이유식
펴낸이 서정환
펴낸곳 수필과비평사 · 좋은수필사
주소 서울시 종로구 삼일대로 32길 36(운현신화타워 빌딩) 305호
전화 02)3675-5635, 063)275-4000 **팩스** 063)274-3131
등록 제 300-2013-133호
이메일 sina321@hanmail.net essay321@hanmail.net

ISBN 979-11-5933-080-3 04810
ISBN 979-11-85796-15-4 (전100권)

값 8,000원

이 도서의 국립중앙도서관 출판예정도서목록(CIP)은 서지정보유통지원시스템 홈페이지(http://seoji.nl.go.kr)와 국가자료공동목록시스템(http://www.nl.go.kr/kolisnet)에서 이용하실 수 있습니다.
(CIP제어번호: CIP2017005305)